Kempowski der Schulmeister

Beschrieben von Michael Neumann

Fotografiert von Lars Lohrisch

Geleitwort von Werner Remmers

Nachwort von Richard Meier

westermann

Fotos: Lars Lohrisch
Lektorat: Sabine Zeunert, Adelheid Ehrlich,
Peter Winterhagen
Layout und Einbandgestaltung:
Hans Peter Willberg
Hersteller: Achim Wons
Satz: LibroSatz, Kriftel/Ts.
Gesamtherstellung: westermann druck,
Braunschweig 1980

ISBN 3-14-**16 00 25**-2

CIP – Kurztitelaufnahme
der Deutschen Bibliothek
Neumann, Michael
Kempowski der Schulmeister/
Michael Neumann; Lars Lohrisch. –
Braunschweig: Westermann, 1980.
ISBN 3-14-160025-2
NE: Lohrisch, Lars.

Vorwort

Der Schulmeister. Erinnerungen an den »Herrn Lehrer« tauchen auf. Vielleicht auch Assoziationen an einen Meister, der sein Handwerk versteht. Was manche immer schon gewußt haben, kommt das jetzt wieder? Immerhin, die Schule als voll ausgelastete und überlastete »Produktionsstätte« einer Unmenge von »Qualifikationen«, die sind wir gründlich leid. Kommt jetzt vielleicht die »grüne« Schule, umweltbezogen und menschenfreundlich?
Was auch immer die Schlagworte und Moden der achtziger Jahre sein werden, mir geht beim Stichwort »Schulmeister« die Wendung durch den Kopf: eine Situation meistern. Ganz gleich welche Situation. Darin steckt: zugleich aus Altem lernen und auf Neues zugehen können. Offenheit nicht aus heimlicher Verzweiflung, sondern aus Zuversicht.
Jede Situation zu meistern verstehen. Ein unbescheidener Anspruch? Jedenfalls nicht, wenn auf Vollkommenheitsideale und Totalerklärungsmodelle und damit auch auf die leichtfertige Steigerung des Bewußtseins der Unzulänglichkeit verzichtet wird. Auszuhalten gibt es ohnehin genug. Die Situation zu meistern, das heißt, sich vor allem auf die Kinder in ihrer Situation einlassen, ihnen helfen, ihrerseits immer mehr Situationen zu meistern. Denn es gibt keine heile Kinderwelt. Das wäre nur eine Ausflucht vor der verrückten Welt. Kindheit ist mehr als Vorsorge für die schönen Kindheitserinnerungen von morgen.
Kempowski als Schulmeister. Das läßt auch denken an den Meister, Situationen zu schildern. Wer Situationen verstehen will, muß sie mit Sorgfalt ausleuchten, auf Übersehenes aufmerksam machen, auch scheinbar Unwichtiges zusammentragen und das alles auch noch in Wort und Bild fassen können.
Es gibt so vieles in unserem Leben, was unaufgearbeitet liegenbleibt und vergessen wird und fürs Lernen und Klügerwerden verlorengeht.
Zu oft heißt Erfolg: übersehen oder vorbeimogeln. Und es liegt doch so viel Leben und Gewicht in den kleinen Dingen, wo wir einfach abwinken, gerade bei Kindern. Schule ist keine Rennbahn, höchstens Anlaufstrecke. Schule ist auch kein Schonraum, aber immerhin ein Lebensraum.
Wo soll das hinführen, wenn vor lauter Politik, Wissenschaft und Überlebenskünsten im Lebensraum Schule vergessen wird zu leben?
Wir können getrost vieles vergessen, nur das nicht. Dieses Buch ist eine fällige Erinnerung daran.

Dr. Werner Remmers

Niedersächsischer Kultusminister

Wenn man fragt, wo er in seinem Leben einem irdischen Paradies am nächsten war, hält er das Wort vom Paradies zwar für fehl am Platze, erinnert sich jedoch trotzdem an eine Dorfschule: »1933, als die Leute wenig Geld hatten, wollte mein Vater uns Kindern eine Erholung spendieren; er verfiel auf die mecklenburgische Kleinstadt Bad Sülze. Wir wurden bei einem Lehrer untergebracht, in einer winzigen einklassigen Schule. Dort schliefen wir unterm Dach, ich glaube, mit noch acht anderen Kindern zusammen und zwar auf dem Heuboden. Dies Erlebnis war wirklich unglaublich schön: das Schulmeisterhaus, der Lindenbaum, die kleine Kirche – wenn nachts ein Gewitter niederging, kuschelten wir uns ins Heu. Tags spielten wir im Schulgarten, ein kleiner Fluß war dabei, und in der Küche backte die Frau ihr Brot. Der Lehrer, der ja Ferien hatte, versorgte seine Bienen, und wir sprangen in der Schulklasse über die Bänke, tranken Tinte und machten Unsinn. Seit damals, glaube ich, wollte ich Dorfschulmeister werden.«
Walter Kempowski, damals vier Jahre, ist heute, ein knappes halbes Jahrhundert später, ein arrivierter Schriftsteller – und Schulmeister ist er auch. Nur die Dorfschule: die haben sie ihm genommen.

»Wenn man etwas von dem Geld, das für die Schulreform ausgegeben wurde, unseren kleinen Schulen gegeben hätte, sähe vieles anders aus«, stellt er fest. Er hat seine Zweifel, ob die großen Mittelpunktschulen heute im Regelfall die Kinder so betreuen, wie sie es brauchen. Seit einigen Jahren unterrichtet er selbst in einer Mittelpunktschule Erstkläßler, und das allerdings ohne Resignation: »Als ich mich eingewöhnt hatte, merkte ich, daß ich vieles von dem, was ich vorher in meiner Dorfschule gemacht hatte, übertragen konnte in diese moderne Schule. Und daß auch dieses System seine Vorzüge hat.«
W. K. scheut sich gar nicht, den Vorzügen der Mittelpunktschule etwas unterzumischen von der vorgeblich armseligen einklassigen ›Zwergschule‹: »Es ging damals nicht so sehr nach einem Plan, man konnte den Unterricht auf das Interesse der Kinder abstellen.«
Darauf sind schon zahllose Schultheorien gegründet worden, auf die Vorstellung nämlich, daß Kinder nur lernen sollten, was sie lernen wollen. Vielleicht ist solche Vorstellung von einer Bildung auf freiwilliger Basis nicht schlecht aufgehoben bei einem Lehrer wie W. K., der ja einen Doppelberuf hat, der Lehrer und Schriftsteller ist? Weil der Schriftsteller seinen Lesern keine Lektüre verordnen kann, sondern ein vielge-

lesener Schriftsteller nur dann ist, wenn er ein interessanter, fesselnder, ein Kopf und Herz bewegender Schriftsteller ist.
Wie bringt man Kinder dazu, lernen zu wollen? Der Lehrer W. K. fand seinen ersten Lehrmeister in einem DDR-Zuchthaus, in dem er acht Jahre seines Lebens verbringen mußte. Dieser Lehrmeister war ein ostpreußischer Dorfschullehrer, der voller Erinnerungen an seine Schule steckte und davon erzählte. Als W. K. endlich entlassen wurde, endlich ›in den Westen‹ reisen durfte, stand sein Berufswunsch fest: er wollte Dorfschullehrer werden – zu einer Zeit übrigens, in der niemand aufs Land wollte.
W. K. studierte, begegnete seiner Frau, die auch Lehrerin wurde, beide bekamen sie einen Platz an der Schule, die sie sich ausgesucht hatten: Rhabarber und Johannisbeeren im Garten, die Wohnung neben dem Schulhaus, »nette, sehr nette Kinder«, für die W. K. und seine Frau beim Tischler Spielzeug anfertigen ließen – und die Kinder kamen sogar nachmittags, zum Spielen und zu einem Gespräch.
Heute fährt W. K. mit dem Wagen zur Mittelpunktschule nach Zeven, und es ist schon viel, wenn die Kinder einmal im Jahr in sein Haus kommen. Dafür machen die Eltern gern Gebrauch von W. K.'s Erlaubnis, jederzeit und ohne Anmeldung seinen Unterricht zu besuchen: manche Mütter erscheinen sogar regelmäßig alle zwei Wochen in der Kellerklasse, die sich W. K. für seine ABC-Schützen extra ausgesucht hat. Warum gerade im Keller? Auch davon wird noch die Rede sein. Ich habe Walter Kempowski in Zeven besucht und ihn gefragt, wie er das eigentlich macht – Kindern nicht nur Lesen beizubringen, sondern ihnen auch Geborgenheit zu vermitteln. Wie der Fotograf, der den Schulmeister und seine Kinder oft fotografierte, war auch ich zu Gast im Klassenzimmer und auf dem Pausenhof. »Zwei Arten von Lehrern gibt es«, sagt W. K. mit norddeutschem Humor, »Kindergartentanten und Rattenfänger, jeder muß sich entscheiden –, was er sein will, ob er die Kinder betreuen will, wie sie es von Natur aus brauchen, ob er also wie die Kindergartentante rückwärts vor ihnen her gehen will – oder eben wie der Rattenfänger mit der Flöte.
Und noch etwas sagte W. K., gleich zu Beginn unserer Arbeit: »Am liebsten würde ich eine eigene kleine Schule aufmachen.« M. N.

Die Mittelpunktschule in Zeven, 400 Schüler. Das Haus »macht nur auf den ersten Blick einen unfreundlichen Eindruck«, meint Walter

Kempowski. Denn: »In jeder Schule hängt es vom Lehrer ab, ob sie mit freundlicher Atmosphäre erfüllt wird. Als ich hierher kam, stellte sich mir die Aufgabe, das, was ich an der Landschule für pädagogisch richtig hielt, in diese moderne Schule hinüberzuretten.«

Begrüßungsrede, Lieder, vielleicht ein kleines Spiel auf der Bühne, noch einmal ein Lied, dann lauter Süßes in der Schultüte – in allen Schulen wollen alle den Jüngsten den Tag der Einschulung zu einem Fest machen. Aber wieviel Ängstlichkeit, Besorgnis zumindest ist da auch, auf beiden Seiten, bei Lehrern wie bei Kindern? Die Lehrer können nur hoffen, daß sie nicht zuviel ›schwierige Fälle‹ im neuen Jahrgang bekommen – und die Kinder sind oft »so ängstlich, daß sie ihre Angst noch nicht einmal zeigen. Die sind wie verschlossene Nüsse« (W. K.).
Anders als früher einmal, anders als in der alten Dorfschule findet sich der Lehrer in den großen Mittelpunktschulen vor eine zusätzliche Aufgabe gestellt. An ihm ist es, die älteren Kinder, die bei der Einschulung in die Dorfschule die ›Neuen‹ empfangen haben (und sie alle schon kannten), zu vertreten und an ihrer Stelle Wärme und Zutrauen auszustrahlen. In der Dorfschule, erzählt W. K., kamen lauter Kinder, die er schon kannte, die ihn schon kannten – die konnte er mit »der Roheit eines Porzellaneinpackers« anfassen. Der geht mit den Tassen auch nicht übervorsichtig um, weil er eben weiß, wie er sie anfassen muß.«
In Zeven kommen die Kinder aus den verschiedenen Dörfern erst am Tag ihrer Einschulung zusammen. Einige kennen sich untereinander vom Kindergarten, aber die meisten sind sich ganz fremd. Wenn sie von ihren Eltern Abschied genommen haben – die meisten Eltern kommen ja wenigstens am Tag des Einschulens mit zur Schule –, werden alle Erstkläßler in einem großen Raum versammelt. Dort begrüßt sie der Rektor, und dann werden sie ›ihrem‹ Lehrer zugeteilt.
In den letzten Jahren waren es in der »Quabbenschule« immer drei Klassen mit etwa 25 Kindern: Jeder Lehrer hat einen Zettel in der Hand und ruft seine Namen auf. Und dann »zieht jeder mit seinen Kindern in die Klasse ab«.
Die Schultüten sind in Zeven übrigens für alle Kinder gleich: die bekommen sie von der Schule, besserer Gerechtigkeit halber.
Aber es kann natürlich sein, daß »zu Hause noch einmal so ein Riesending« (W. K.) auf sie wartet . . .

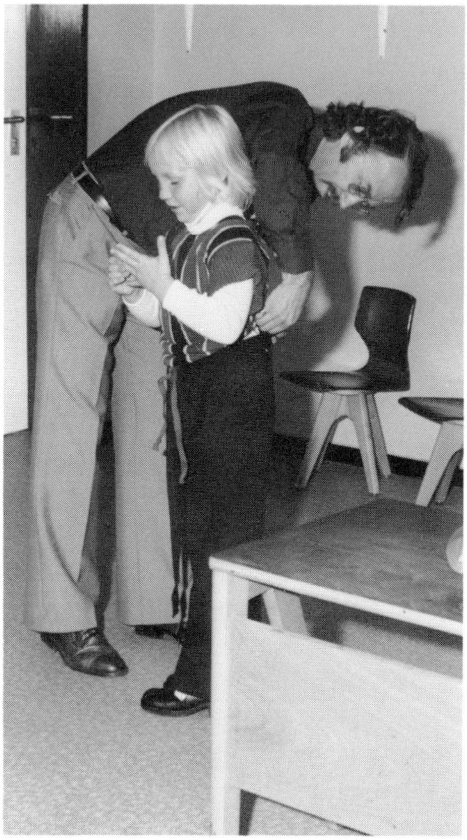

Fremdheit überwinden. Noch sind die Schultüten nicht bis auf den Grund ausgeräumt, da beginnt für den Lehrer die Arbeit der Annäherung. Um die Gegenüber-Situation des Anfangs »Hier ist der Lehrer – da sind die Kinder« – nein, nicht zu überwinden, aber zu lockern und Zutrauen herzustellen. Wie oft wird in der Schule dieses Gegenüber des Anfangs zu einem jahrelangen Gegeneinander und läßt dann alle Pädagogenmühe vergeblich werden? Aber wie gewinnt man das: Zutrauen, Vertrauen?
»Viel macht schon die körperliche Annäherung aus«: Der Junge, der noch nicht die Schleife binden gelernt hat, der andere, dem sein Hosenträger zum Problem wird – W. K. stellt Kontakte her, überbrückt Fremdheit, indem er ihnen zur Hand geht. Was in Maß und Grenze geschehen muß: bleiben die Hilfeleistungen nicht Ausnahme, wird die Hilfsbereitschaft schnell ausgenutzt, und jeder will vom Lehrer persönlich versorgt sein.
Aber es gibt auch noch soviel anderes, was Vertrautheit herstellt: »Man läßt die Kinder erzählen. Oder man läßt sie etwas machen, läßt sie dazu nach vorne kommen. Da trauen sich zuerst die Tapfersten, zeigen dem Lehrer, was sie zustandegebracht haben – und so entsteht Kontakt«.

Manche kommen erst nach einem halben Jahr . . . Die Bilder sprechen für sich und für die Situation: wie da ein Beiseitelächeln riskiert, Verlegenheit mit allen fünf Fingern zwischen den Lippen ausgehalten, beim Vorzeigen der eigenen Arbeit auch schon wie selbstverständlich Sicherheit bewiesen wird.
»Die Arbeit, an die Kinder heranzukommen«: Manche Kinder gehen auch erst nach einem halben Jahr aus sich heraus, und die, sagt W. K., »muß man lassen. Ich beschäftige mich zuerst vorwiegend mit denen, die von sich aus Zeichen geben. Die anderen: nach vier Wochen fangen sie an zu reagieren, dann spricht man schon mal miteinander.«

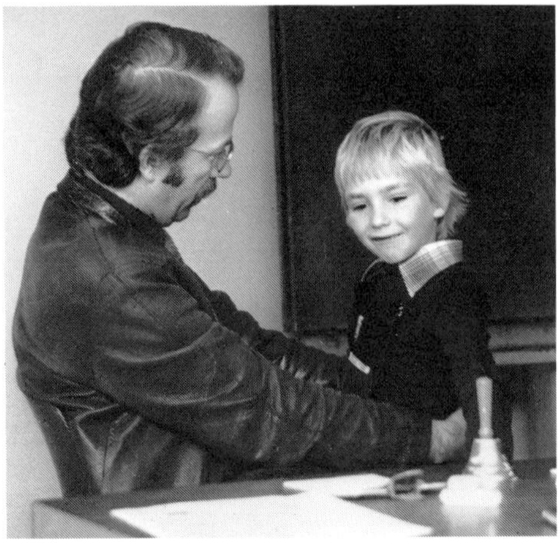

Und wenn das Schwellenproblem noch schwieriger ist, vom ersten Schultag an? Wenn Kinder um Gott und die Welt nicht an ihrem Platz und in der Schule bleiben, sondern zurück nach Hause wollen? W. K. hat solche »Wegrenner« eigentlich nie gehabt – nur einmal, und da stellte es sich heraus, daß das Kind krank war –, er hat bisher mit gutem Zureden, mit kleinen Aufgaben in der Klasse noch alle halten können: »Wenn man sie irgend etwas tun läßt, die Kreide ordnen oder die Tafel abwischen, dann vergessen sie ihren Kummer schnell.« Handwerkliches, wie viele es schon aus dem Kindergarten kennen, ist sehr beliebt, macht Spaß beim Malen, Zeichnen, Schnipseln – und was da am ersten oder zweiten Schultag entsteht, wird gleich gemeinsam besprochen, hilft wieder ein Stück weiter über die Schwelle zwischen den Schulanfängern und dem Lehrer hinweg.

»Herr Lehrer« oder: Ordnung muß sein. Die Tischglocke, wie schon auf den vorigen Seiten zu sehen, gehört für W. K. zum Grundinventar des Unterrichtens. Sie wird mit hellem Ton von ihm nach dem Hereintreten ins Klassenzimmer geläutet – und die Kinder wissen, daß dann alles Geräusch zu verstummen hat. Die Glocke tönt auch im Unterricht, wenn's zu laut wird in der Klasse, und heißt dann: »Hört her, was ich sage – ich kann so laut nicht reden.« Der Beobachter kann bestätigen: in W. K.'s Stunden bewährt sich das Respektinstrument.
W. K. sucht – und findet – den Kontakt zu den Kindern und ihr Zutrauen. Aber er läßt sie auch spüren, daß er sich nicht anbiedern will.
Er ist der »Herr Lehrer«, der »Herr Kempowski«, so reden sie ihn an, und nicht etwa mit Vornamen oder per Du. Kinder spüren sehr rasch, meint W. K., ob sich einer größer oder kleiner macht als er in Wirklichkeit ist. Und Kinder haben es nach seiner Erfahrung lieber, daß eindeutig »der Lehrer« vor ihnen steht und sich nicht etwa »zum Kasper« macht.
Darum ist W. K. in der Schule auch nicht salopp, sondern solide angezogen. Er trägt meistens sogar Schlips und Jackett (öfter als bei seinen Lesungen als Buchautor), wegen »des guten Bildes« und weil er weiß, daß die Kinder es mögen, wenn man sich für sie »feinmacht«. Originalzitat aus einer Kempowski-Stunde: »Kinder, seid doch nicht so laut, ich bin ja schon ganz kaputt von dem Lärm« – und darauf die Stimme eines Kindes: »Ja, seid still jetzt, er hat sich doch extra eine so schöne weiße Hose angezogen!«
Gibt es Schule, die ganz ohne solcherlei Ritualien auskäme? Jedenfalls gibt es keinen Unterricht, sollte es keinen geben, in dem es ohne Humor und Spaß zugeht. W. K. hat nicht nur seine Glocke zur Hand und anderes, auf das noch zu kommen sein wird, er legt es auch auf ein spielerisches, sozusagen augenblinzelndes Einverständnis mit den Kindern an.
Zum Beispiel: Wie schafft es ein Lehrer eigentlich, sich mit jedem neuen Schuljahrgang all die neuen Namen zu merken, und das möglichst in den ersten Tagen? W. K. nimmt's als günstige Gelegenheit, den Kindern zu zeigen, daß auch ein Lehrer lernen muß: »Das ist dann meine Hausaufgabe. Jeden Morgen gehe ich herum und sage die Kindernamen – meistens falsch, Brunhilde oder etwas in der Art, und vielleicht nur einen einzigen Namen richtig. Die Kinder durchschauen das natürlich, und es gibt ihnen ein unheimlich gutes Gefühl . . .«

Am ersten Tag wollen sie lesen lernen, normalerweise – und da sollte man die Kinder auch nicht lange warten lassen, sie nicht enttäuschen, meint W. K. Er hält seine erste Leselernstunde schon am zweiten Tag. Und zwar nicht mit einer Fibel, weil ihm bisher noch keine Fibel geeignet schien, das zu leisten, was für viele Kinder das schwierigste ist: den Schritt zur Abstraktion zu bewältigen, der zum Lesen und Schreiben unentbehrlich ist.
Das Wortbild ›Heizung‹ steht ja für eine Zentralheizung in der Schule wie möglicherweise auch für den Ofen, den mancher noch zu Hause hat, das Wortbild ›Tisch‹ für sehr verschiedene Tische. W. K. beginnt beim faßbaren, tastbaren Gegenstand, stellt die Wortkarten zu den Dingen der Umgebung, zeigt dann am Elementarsten, wie ein Wortbild wiederkehrt – Wasser aus dem Hahn, als Ozean und in der Badewanne . . . Oder er stellt auch die Karte ›Tisch‹ auf die Heizung und umgekehrt: Wort ist nicht gleich Wort. Was vielen bei ähnlichen Schriftbildern gar nicht so leicht aufgeht: schon bei ›Tisch‹ und ›Tür‹ sind die Ähnlichkeiten so groß, daß die Kinder Mühe haben, sich erst allmählich am ›ü‹ zu orientieren.
Vom Gegenstand und vom Bild des Gegenstandes zum Wortbild: mit Fenster, Tür, Tafel, Wasser, Heizung

Wasser
Kind
Tisch
Wasser

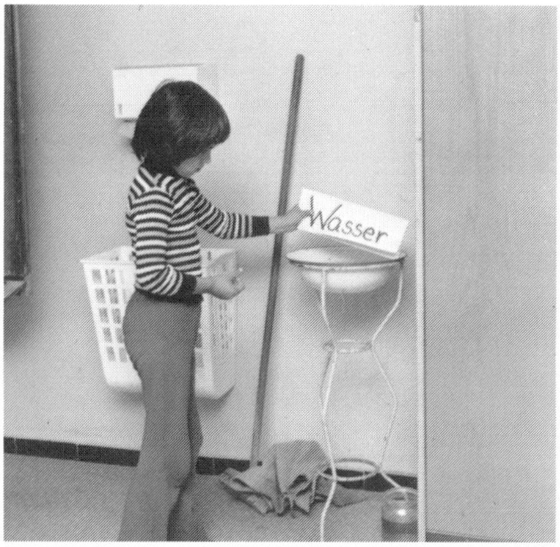
Wasser

Wasser
Wasser
Kind
Tisch

Tisch
Heizung

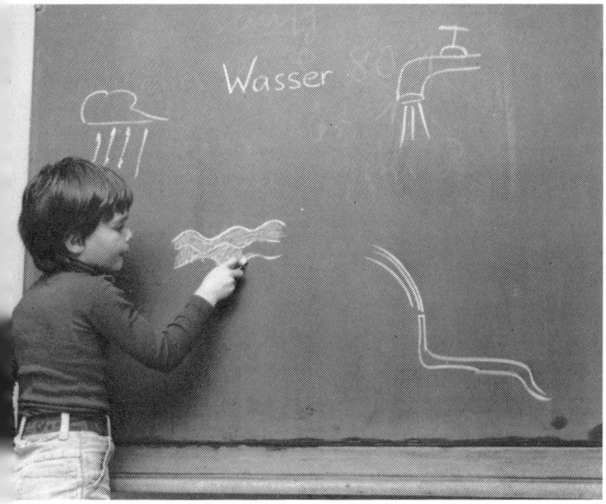
Wasser

Heizung

und Tisch sind nach der ersten Woche schon die Hauptgegenstände der Klasse gekennzeichnet, und die Kinder erkennen sie im Wortbild wieder.

Namensschilder sind eine große Hilfe für die Anfangswochen. W. K. hat sie selbst gemalt, in schönster

Schrift. Aber diese Namensschilder stehen nicht etwa ständig auf den Tischen, sie werden immer wieder eingesammelt und jeden Morgen neu aufgestellt. Bei den Spielen, die sich dabei ergeben können, legt W. K. es wieder darauf an, den Kindern zu zeigen, daß auch er sich irren kann, daß ein Fehler keine Schande ist. Wenn er die Schilder verteilt, stellt er das eine oder andere nämlich absichtlich falsch hin. Mit großem Hallo behaupten dann die Kinder: »Der kann ja noch nicht mal lesen!« Sehr schnell aber, meint W. K., durchschauen sie das Spiel, spielen es jedoch trotzdem – oder gerade darum – fröhlich mit. Die Namensschilder helfen auch, den Kontakt zu den Schüchternen, In-sich-Verschlossenen herzustellen: W. K. ruft den Namen eines solchen Kindes auf, holt es zu sich, redet mit ihm (nimmt es wohl auch mal in den Arm).

Spiel und mehr als Spiel: »Die Kinder fühlen sich nicht wirklich angesprochen, wenn der Lehrer sich nur ganz allgemein an sie wendet: ›Kinder, hört mal her‹. Jedes Kind muß das Gefühl haben: der kennt mich.« Und welches Beispiel zitiert W. K. dazu? »Das ist wie beim lieben Gott. Der ruft ja auch: ›Adam, wo bist du?‹, und nicht etwa: ›Wo bist du, Mensch?‹«

Kath. Kirchengemeinde
ORTE

W. K. führt die Kinder an diesem Tag zur Kirche – und legt dabei ein Stück Verkehrsunterricht ein: »Weil die Kinder, auch wenn sie natürlich die Ampeln kennen, trotzdem über die Straße rennen.«
In der Kirche, die hier eine katholische ist, kommen die wenigen Katholiken der Klasse »ganz groß heraus«: sie wissen schon – fast – alles und dürfen es den anderen erklären.
W. K. spricht über Religion, wenn es sich aus dem Zusammenhang ergibt. Schwierigkeiten mit konfessionellen Gegensätzen hat er dabei noch nicht erlebt.
Nach dem Kirchenbesuch wird erst mit Bausteinen ein Turm gebaut, dann gezeichnet und gemalt, und es zeigt sich, daß die Kinder Wesentliches der Baugestalt erfaßt haben.

Wer nicht weiß, was das morgendliche Erzählen der Kinder zu Beginn des Unterrichts bedeuten kann, der versteht den Lehrer Kempowski nicht. Das morgendliche Erzählen ist Ausgangspunkt, Kern- und Keimzelle seines Unterrichts. »Was gibt es Neues?« fragt er, und übt sich dann in der Kunst des Zuhörens, notiert sich knappe Sätze, liegt »wie ein Luchs auf der Lauer« und wartet auf die Stichworte, an die er anknüpfen wird. Damit die Mitteilungen der Kinder auch ergiebig werden, nicht nur vom Fernsehprogramm handeln, muß der Lehrer das Gespräch ein wenig lenken (»wie ein Fernsehmoderator . . .«, W. K.), das bringt Vorteile für Lehrer *und* Kinder. Für das Kind ist es wichtig, einen zuhörenden Partner zu haben, ihm sagen zu können, was es bewegt, vielleicht auch bedrückt. Für den Lehrer ist es ebenso wichtig, aus der erinnerten Erlebnissituation einen ›fruchtbaren Moment‹ für den Unterricht zu erspüren. Hin und wieder kommt es vor, daß die Kinder nur ›herumalbern‹ – für solchen Fall hat W. K. einen eigenen Stundenentwurf parat. Viel lieber aber unterrichtet er frei von starrem Plan: Zehn Minuten Erzählfreiheit für die Kinder geben ihm die Chance, vom Interesse der Kinder her zu unterrichten. Und das ist ihm wichtiger als jeder Plan.

Aufsicht ist anstrengend:

Pausen sind in der Schule nicht so beliebt, wie meist vermutet wird. Lehrer wie Kinder haben ihre Vorbehalte: Für den Lehrer, der Aufsicht zu führen hat, ist die ›Pause‹ nicht immer eine Erholung, wenn er auf dem Hof einer großen Schule die Verantwortung beispielsweise für einen Jungen tragen soll, der hundert Meter entfernt von einem Klettergerät herunterstürzt.
Auch für die Kinder sind Pausen nicht unbedingt etwas Schönes: weil es oft sehr kalt ist, weil die Kleineren das Zusammensein mit Hunderten anderen nicht gewöhnt sind und sich von der Masse bedroht fühlen, und schließlich auch, weil viele auf dem großen leeren Gelände nichts mit sich anzufangen wissen und verlassen herumstehen.
W. K. führt trotzdem häufig Pausenaufsicht, nicht nur aus Abneigung gegen zigarettenrauchverqualmte Lehrerzimmer. Die Pause bietet gute Gelegenheit, Kontakt zu den Kindern zu finden oder Kinder zu beobachten, von denen er sich noch kein Bild hat machen können.
Wenn W. K. über den Schulhof geht – ein weiträumiges Gelände, auf dem sich auch einige Hundert Kinder nicht zu drängen brauchen –, schließen sich ihm immer einige zum gemeinsamen Spaziergang an. Und es kommen auch Kinder, die im Unterricht »keinen Ton sagen«, auch Ausländerkinder. Die Mädchen möchten sich bei ihm einhängen.
»Auf dem Schulhof«, sagt W. K., »bin ich für sie ein Onkel.«
Das ist nicht das schlechteste, und könnte doch noch besser sein. Dem Landlehrer W. K. steht der Hof der kleinen Landschule noch vor Augen: »Da habe ich mir im Sommer einen Stuhl unter die Linde gesetzt und hab mit den Kindern geklönt. In der Tasche hatte ich oft ein halbes Dutzend englische Wortbildkarten und hab mit ihnen aus Spaß Englisch gemacht. Nach einem halben Jahr hatte mancher schon an die hundert englische Wörter im Kopf, ganz nebenbei.«
Natürlich gab es dort auch Bälle, Springseile, die auf dem Gelände der Mittelpunktschule heute – möglicher Gefährdung wegen – untersagt sind.
W. K. schaut über den Platz, der weit wie ein Fußballfeld ist und trotz der Grasdecke, einiger Bäume im Hintergrund und der eifrig benutzten Klettergeräte eher öde anmutet: »Ein Schulhof könnte so vieles sein: Verkehrskindergarten auf der einen, eine Puppenspielecke auf der anderen Seite, ein Bau- und Abenteuerspielplatz. Aber – je mehr Kinder, desto mehr Chaos, desto mehr Risiko . . .«

Vom Lehrplan, den er »leider« erfüllen muß, spricht W. K. und damit ohne Zweifel vielen Kollegen aus dem Herzen. Denn wozu die Eile, wenn die Kinder eben erst aus dem Familien- und Kindergartenumkreis in die Schule gekommen sind, noch ganz in ihrer Ursprünglichkeit, ihrer Bewegungsfreude, ihrer Spielfreude? Warum nicht mehr Gelassenheit, da sich der Lehrer doch sicher sein kann: das Schreiben und Lesen werden sie alle lernen? W. K. sagt auch, wie man es jedenfalls nicht machen darf: »Wer als Lehrer denkt, er habe im ersten Schuljahr Kinder vor sich, denen er nur sagen muß: Dies ist ein *d* – der versündigt sich an den Kindern.«

Immer muß vom Gegenständlichen ausgegangen werden, wenn ein neuer Buchstabe eingeführt werden soll, und zwar muß man, davon ist W. K. überzeugt, »einen Begriff suchen, der tiefenpsychologisch verankert ist.«

Wenn es um das *d* geht, könnte es beispielsweise das »Dach« sein, bei *m* die »Mutter«, bei *f* das »Feuer« oder das »Fenster«. Für *k* war früher der »Keller« gut, aber seit so viele Häuser keine Keller mehr haben, kennen die meisten Kinder auch das Kellererlebnis nicht mehr, das ihren Eltern eingeprägt ist. Behutsam die Vorstellung der Kinder auf solche Begriffe zu lenken, die Wahrnehmung reifen zu lassen – wenn das gelingt, wissen sie im Grunde auch schon, was kommen wird: »Die Kinder wissen schon, daß das ›D‹ an der Reihe ist, wenn ich am Tage zuvor die Aufgabe gestellt habe, Collagen mit Dächern zu machen.«

Natürlich erlebt der Lehrer beim Schreib- und Leselernunterricht aber auch dies: er hat sich für die Stunde vorbereitet, auf die Einführung eines bestimmten Buchstabens – und merkt plötzlich, daß die Kinder nicht anbeißen. Nicht das *s*, sondern das *i* liegt in der Luft. »Darauf muß man eingehen«, sagt W. K., »nämlich auf das, was die Kinder interessiert, und nicht darauf, was mich als Lehrer interessiert.«

Ebenso natürlich muß er sich beizeiten etwas einfallen lassen, um doch auf den Buchstaben hinzuführen, den er braucht. Vielleicht denkt er sich eine Geschichte aus, in der sich dieser Buchstabe häufig wiederholt. Schulmeisterart, unzulässig, weil zu künstlich? W. K. meint: »Das Lesen selbst ist ein sehr unnatürlicher Vorgang, und es setzt ein hohes Maß von Abstraktionsfähigkeit voraus. Warum soll man in einer Geschichte einen Buchstaben nicht so oft wiederkehren lassen, daß die Kinder es merken und lustig finden?«

Von der Anschauung zur Abstraktion: auf dem Bild links wird anscheinend nur nach Kindergartenart gespielt, aus alten Konservendosen

Turm

Turm
Turm
Turm
Turm
Turm
Turm

wachsen Türme auf. Aber das Spiel führt weiter, zum Buchstaben und zum Wort, in der nächsten Stunde oder am nächsten Tag . . . Hilfreich ist hierbei, daß man kurz zuvor einen Kirchturm besichtigt hat.

Was gibt es noch für Türme? Türme, die man nicht selbst gebaut, aber vielleicht gesehen hat, in der Umgegend, auf einer Reise, in einem Buch: den Leuchtturm und den schiefen Turm von Pisa, eine Turmspirale und einen Zwillingsturm. Alle heißen »Turm«, immer das gleiche Schriftbild gehört dazu, mit dem großen *T* am Anfang.

Eines kommt aus dem anderen: Sehen, Zeichnen oder Malen, Lesen und Schreiben. Das ganze erste Schuljahr, sagt W. K., »ist wie ein weit aufgehaltener Trichter, in dem ich die Kinder mit allen ihren Gaben einfange und aufs Typische verdichte – sehr achtsam muß ich dafür sorgen, daß jeder, in jeder Ecke der Klasse, dabei zu seinem Recht kommt.«

Lehrern, zumal den Grundschullehrern wird zuweilen unterstellt, daß sie immer nur das Gleiche wiederholen, was sie sich einmal zurechtgelegt und erprobt haben. Nicht nur für den Fotografen sitzt hier W. K. zum Beweis des Gegenteils an seinem häuslichen Schreibtisch: Gerade weil er seinen Unterricht immer nach Möglichkeit dem Interesse der Kinder unterordnet, aus ihrem ›morgendlichen Erzählen‹ das Thema des Tages entwickeln will, muß der anstehende Stoff breit präpariert sein. Vor stillem Weidegrün, den flachen norddeutschen Horizont vor dem Fenster, legt W. K. öfters kleine Schachteln aus durchsichtigem Kunststoff auf der Arbeitsfläche aus: jede enthält ein Zettelchen mit einem Wort – »Tafelarbeit«, »Malen«, »Gespräch«, »Hausaufgabe« steht beispielsweise darauf, und für jedes Unterrichtselement gibt es ein solches Kästchen. Daraus läßt sich, im Wortsinn, jede Unterrichtsstunde bauen, und die Abfolge der pädagogischen Schritte braucht dann nur noch fixiert zu werden – fertig ist das Programm für den nächsten Tag, und mit Sicherheit ist an alles gedacht.

Ohne Arbeitsökonomie geht es an diesem Schreibtisch am allerwenigsten. »Aus großer Zeit«, »Tadellöser & Wolff«, »Uns geht's ja noch gold«, »Ein Kapitel für sich«, um nur diese Titel zu nennen, – niemand kann nachträglich ausrechnen, wieviel Zeit die Arbeit des Schreibens gekostet hat. »Sisyphos '77« hat W. K., mit einem Hauch Selbstironie über einen Arbeitsplan geschrieben: der reichte bis 1995. Lehren & Schreiben, oder: Von der Kunst, sich seine Lebenszeit einzuteilen . . .

Während die Kinder morgens erzählen, wirft W. K. immer einmal eine Frage ein, er bremst die Lauten, läßt Schüchterne zu Wort kommen, gleichzeitig vermehren sich auf seinem Pult die Notizblätter. Ein Mädchen hat sich als erstes gemeldet und gesagt: »Ich habe einen Lippenstift, den man aufessen kann.« W. K.: »Die Anteilnahme stellte sich spontan ein. Es gibt manches, das für das einzelne Kind wichtig ist, die Klasse aber nicht interessiert. Wenn aber die ganze Klasse interessiert ist, nimmt man ein solches Thema auf und läßt sein schön erarbeitetes Unterrichtskonzept fallen.« Christine hat ihren ›eßbaren‹ Lippenstift sogar vorzeigen können. Im Gespräch wird erörtert, was einem zum Schminken alles einfällt: Warum sich Frauen schminken und ob Männer es auch tun. Oder warum nicht? Indianer schminken sich, übrigens! Wie und womit kann man sich schminken? Mit Puder, Creme, Farbe? Der Sohn des Drogisten war gar nicht mehr zu bremsen, soviel wußte er über Preise und Marken und Vertreterbesuche . . .
Zweifel in der Stimme, fragt W. K., ob die Kinder das wohl könnten: ein Bild malen von Frauen, die sich stark geschminkt haben. Mit Druckbuchstaben schreibt er von seinem Notizzettel den »geretteten« Text an die Tafel, während die Kinder mit Bunt- und Filzstiften geschminkte Frauen malen. Für den Tafeltext wird Zeile für Zeile jedesmal eine andersfarbige Kreide benutzt, um die Verständigung beim Lesenüben zu erleichtern: der Lehrer kann nachher sagen: »Jens, lies mal den grünen Satz.« Während W. K. schreibt, schauen die Kinder kaum auf, lassen sich nicht stören bei ihrer Malarbeit.

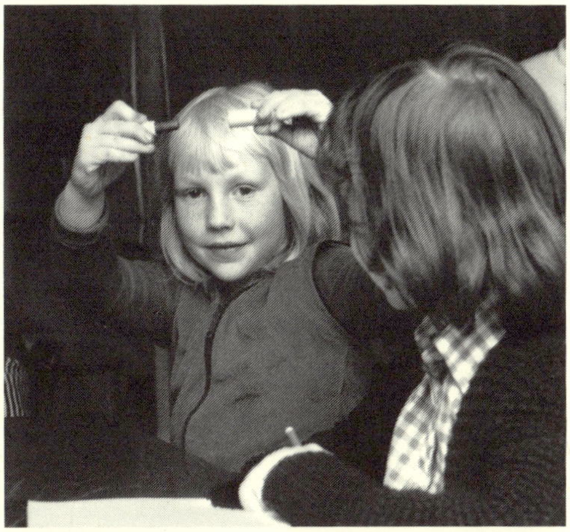

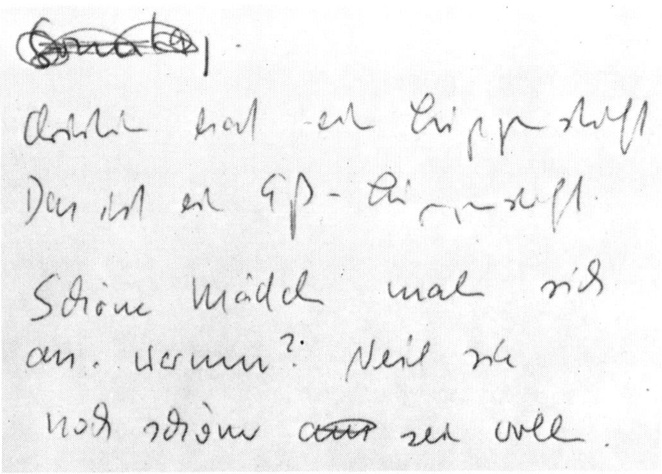
[illegible]
[illegible]
[illegible]
Schöne Mädchen malen sich
an. Warum? Weil sie
noch schöner sein wollen.

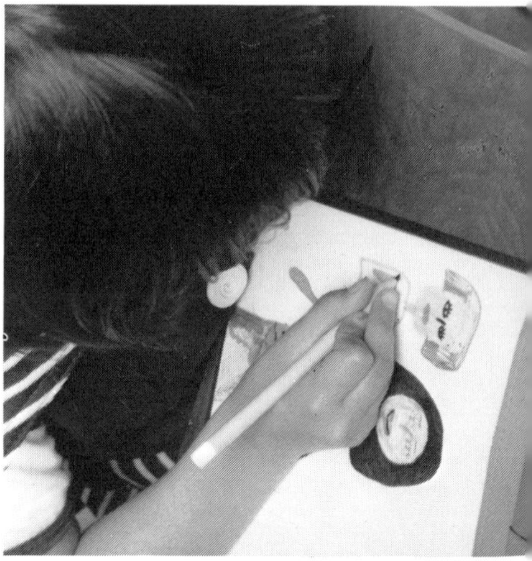

»Das ist ja unsere Geschichte«, sagen die Kinder, wenn sie – mit dem Malen fertig- den Tafeltext lesen. W. K.: »Sie lesen es gerne, weil sie wissen wollen, was der Lehrer daraus gemacht hat.« Aber bis alle den Text lesen können, muß geübt werden. W. K. hat bestimmte Methoden, um dieses Üben nicht zu öde werden zu lassen. In der Klasse gibt es nicht nur die Tische und Stühle für die Kinder, es gibt auch lange Bänke – wer gelesen hat, darf sich auf die Bank setzen, solange bis etwa die Hälfte der Klasse übrig ist. W. K.: »Das darf man nicht so lange treiben, bis nur der allein noch auf seinem Platz ist, der sich mit dem

Lesen am schwersten tut. Man läßt nur die Hälfte der Kinder lesen und wechselt dann: alle, die gelesen haben, zurück auf ihren Platz, und wer noch nicht dran war, auf die Bänke! Dadurch gerät der Schwächste dann nicht gleich wieder auf den letzten Platz. Man kann den ›ewig Schwachen‹, wenn er schon nicht das Lesen schafft, auch anders heranholen, man läßt ihn beispielsweise ansagen: ›Ute liest jetzt den grünen Satz.‹«

Wenn schließlich alle – oder fast alle – gelesen haben, warum schöne Mädchen sich anmalen, folgt das Schreiben. Aber der Lehrer, der den Erstkläßlern nach dem Stille-Sitzen

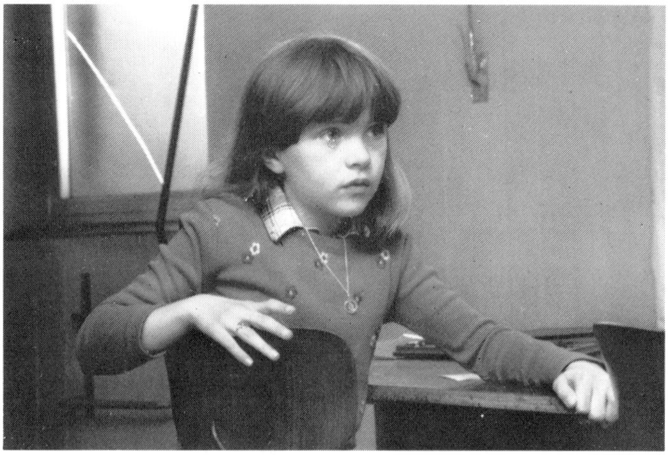

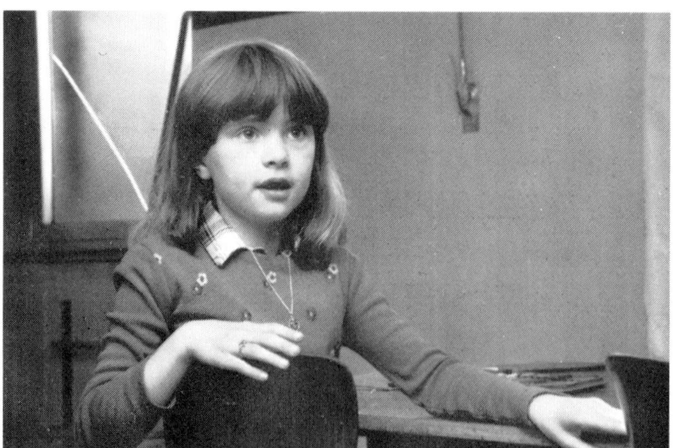

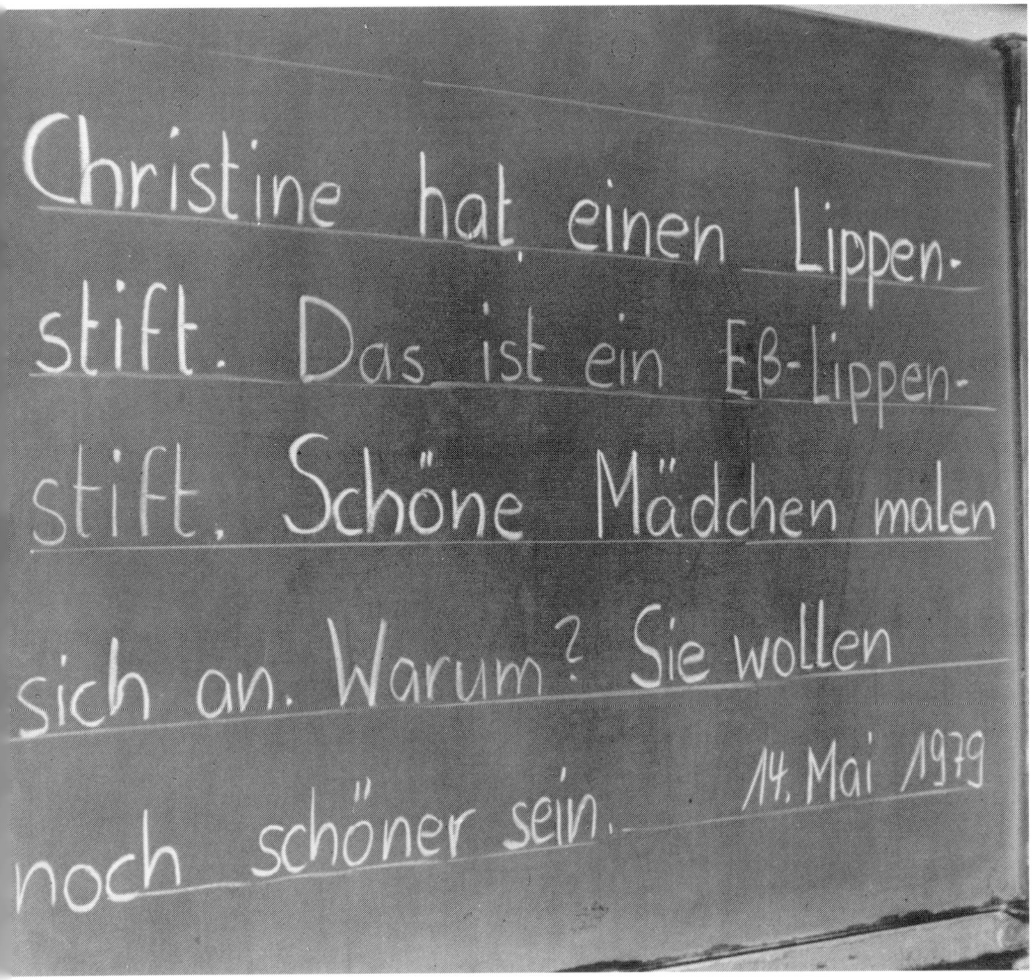

nicht eine Bewegungspause gibt, bekommt »den Lohn für seine eigene Dummheit« (W. K.) – er muß wissen, daß Kinder in diesem Alter sich alle zwanzig Minuten bewegen müssen, »wie ein Pferd – jeder Pferdehändler weiß, daß die Pferde sonst ausschlagen.«
Früher, in der Landschule, hat W. K. nur die Tür zu öffnen brauchen, da konnten die Kinder über den Hof bis zum Tor laufen, oder ein paar Minuten Fußball spielen. Wenn man in einer großen modernen Schule seinen Klassenraum so abseits ausgesucht hat wie W. K. – im Keller nämlich –, haben die Kinder aber auch während der Schulstunde eine Bewegungsmöglichkeit, nämlich auf dem Gang draußen.

Wenn die Kinder die Schreibschrift-Buchstaben kennen, werden sie den in Druckschrift an die Tafel geschriebenen Text selbständig in Schreibschrift übertragen können. Für die anderen, die sich das noch nicht zutrauen, schreibt W. K. die gleichen Sätze noch einmal in Schreibschrift an die Tafel und

zwar in der gleichen Farbe – und dann merken die Kinder: Das ist ja gar nicht so schwer! Zuerst aber zeichnet W. K. eine Zierleiste, jedesmal eine andere. Weit entfernt von dem Verdammungsurteil strenger Funktionalisten – »Ornament ist ein Verbrechen« – sieht er in der abstrakten Form des Ornaments eine fast magische Kraft, die Aufmerksamkeit der Kinder anzuziehen, und zwar über ihr Farb- und Gestaltempfinden.

Die Kinder werden ruhig, sitzen nun still, W. K. fragt die Morgenfrage »Was gibt's Neues?«
Und das sind die Antworten eines Sommertags, von W. K. protokolliert:

1. Mein Vater hatte gestern Geburtstag, er hat'n Diaprojektor gekriegt. (J)
2. Ich hab'n Füller. (M)
3. Wir fahren mit dem BMW . . . Na, ich hab's vergessen. (J)
4. Ich muß heute Kindermädchen spielen. Wir kriegen heute Besuch, und die bringen ein kleines Baby mit, und dann kann ich das ausfahren. (M)
5. Ich hab gestern einen Film gesehen . . . (erzählt langen Film). (J)
6. In der großen Pause gestern hab ich *zwei* Yoghurt mit *einem* Löffel gegessen. (J)
7. Ich krieg zum Geburtstag 'n Kaninchen. (J)
8. Ich hab drei Enten.
9. Ich hab gestern ein Quartett gekriegt. (J)
10. Mein Vater war drei Tage in Düsseldorf. Da hat er mir ein Buch mitgebracht und ein Auto und noch einen ganz großen Bleistift.
11. Wir haben einen Hasen, zwei Vögel, einen Fisch. Wir hatten 'ne Schildkröte. (J)
12. Ich hab gestern geangelt, mit unserm Nachbarn und mit 'ner Freundin, da hab ich'n Fisch gefangen, der war so groß, den durfte ich behalten; den haben wir in 'ne Tüte getan und eingefroren. (M)
13. Ich krieg bald'n Hund. (J)
14. Wir haben sechs kleine Katzen, eine große und einen Hund, der Knochen frißt und die Kirschkerne knackt.

W. K.: »Es war klar, daß sich das Interesse um Haustiere drehte. Die Nummer 14 hätte sich für eine Geschichte angeboten, leider ging die Erzählung aber im Gewühl unter. Dafür kamen mir zwei andere Pointen zupaß. Während ich nämlich ›Haustiere‹ anschrieb, sagte einer: ›Der Floh ist auch ein Haustier‹. Außerdem hörte ich, daß jemand von Giraffen sprach, und die seien auch Haustiere.
So ergab sich als Grobfassung diese Geschichte:

Jens Kruse hat zu Hause ein Kaninchen, eine Schildkröte, zwei Vögel und einen Fisch. Thomas hat sechs kleine Katzen. Das sind Haustiere. Ist die Giraffe auch ein Haustier? – Dennis sagt: Der Floh ist ein Haustier.

Diese Geschichte war viel zu lang. Ich mußte mich zu Kürzungen – schnell – entscheiden.

Jens hat Haustiere: ein Kaninchen, zwei Vögel und einen Fisch. Ist die Giraffe auch ein Haustier? – Dennis sagt: Der Floh ist ein Haustier.

Die Überschrift war hilfreich. Auch konnte die Schildkröte weggelassen werden, da Jens ja keine mehr hatte. Ein sachunterrichtlicher Anschluß war auch möglich: Tiere und ihre Stimmen, Tiere und ihr Futter. Dazu kamen dann noch andere Erlebnisgeschichten, und schließlich die Frage: »Wozu hält man Haustiere?«

Erlebnisse eines anderen Tages, wieder von W. K. aufgezeichnet:

1. Ich habe neue Turnschuhe gekriegt, gestern, und einen Regenschirm, weil es gestern geregnet hat. (M)
2. Und ich hab übermorgen Geburtstag, da lad ich Heiko ein, Thomas, Gabi, Jens und Lars. (M)
3. Ich hab die Nacht dreimal gebrochen. (M)
4. Meine Mutter hat sich gestoßen, die hat 'n Loch im Kopf. (J)
5. Mein Bruder war bei den Bundesjugendspielen. Da dürfen die andern ersten Klassen, vom Klostergang, mitmachen. (J)
6. Mein Papa hat mit seinem Laster 'ne Panne gehabt. Da hat es mindestens fünf Stunden gedauert, zwei Stunden gedauert, bis wir den Reifen abhatten. (J)
7. Wir haben für unsern Hund ein neues Halsband gekriegt, das ist ganz dick. Da guckt er nur so'n Stückchen raus. (M)
8. Und ich hab gestern einen Flitzebogen gekriegt. (J)
9. Meine Mutter hat die Sauerstoffflasche verloren, im Meer, die ist im Tauchverein. Die kostet 5000,– Mark. Die haben sie aber noch gefunden. (J)
10. In unserer Straße hat ein Untermieter eine Frau umgebracht. (J)
11. Ich hab von Silke 'ne ganz schöne Geburtstagskarte gekriegt, da ist ein Clown mit Blumen drauf. (M)
12. Die Frau war 65 Jahre, die wurde mit'm Tuch erwürgt. (J)
13. Ich weiß, wie das gekommen

ist. Der Mann hat zuerst so'n Krach gemacht, und die Frau wollte den nicht, und da hat sie was gegen gesagt. Da hat der ihr den Mund zugehalten und da hat die um Hilfe geschrien, und da hat der Mann sie erwürgt. (J)

W. K.: »Die Geschichten (2) mit (11), (3) und (7) würden sich für den Tafeltext eignen. Auch die Mordgeschichte ließe sich fassen, nur: die Nachbarschaftsverhältnisse sind schwer zu durchschauen, eines der Kinder scheint in unmittelbarer Nähe des Tatortes zu wohnen. Über solchen Fall sollte man vielleicht mündlich sprechen, aufgeschrieben könnte er zu Komplikationen führen. Man muß sich blitzschnell entscheiden.

Entweder

Silke hat übermorgen Geburtstag.
Auf dem Geburtstag gibt es viel Kuchen und Bonbons.
Was werden wir ihr schenken?

Oder

Silke hat übermorgen Geburtstag.
Viele Kinder haben von ihr eine Karte gekriegt. Wie alt wird Silke wohl?

Dazu ließe sich nachher ein Geburtstagstisch zeichnen oder die Geschenke, die sie zu erwarten hat. Aber auch der Beitrag (3) bietet sich an. Alle Kinder haben sich schon mal erbrochen, das sichert das Interesse.

Nina hat gebrochen. Wie kommt das? Vielleicht hat sie zuviel gegessen? Der Magen schmeißt das dann wieder raus.

Oder eine Kombination:

Nina hat gebrochen. Wie kommt das? Hat sie zuviel gegessen? Hoffentlich passiert unserem Geburtstagskind nichts. Silke, sieh dich vor.

Für die ›Sachkunde‹ wäre dann der Anschlußstoff: das Innere des Menschen, Vermutungen, Beobachtungen. Oder: Was essen wir? Anschlußstoff für den Geburtstag wäre: Rollenspiel, oder: Was schenken wir? Mädchen – Junge – Vater – Mutter. Oder: Mein liebstes Geschenk.

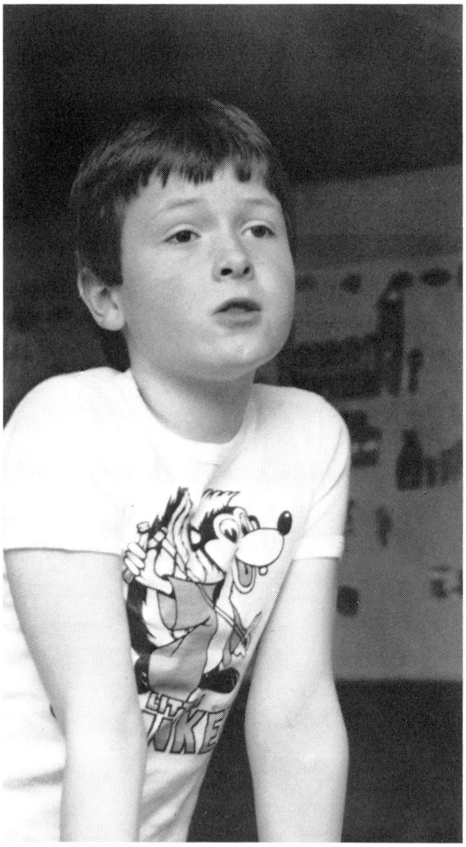

Für den Fall, daß das morgendliche Erzählen einmal unergiebig ist, hat der Lehrer selbst eine Geschichte parat – und er hofft, daß »sie witzig genug ist, um später von den Kindern auch freiwillig gelesen zu werden.« Was ihm gestern passiert ist, daß seiner Frau das Essen angebrannt ist, kann auch zu dem gehören, was den Unterricht in Gang bringt. – Manchmal geht es aber nicht ohne »Präparate«. Die Erzählung von der dummen Dame mit den drei Dackeln ist so zielgerichtet, daß jedes Kind merkt: jetzt wird das *d* gelernt.
»Natürlich muß man die drei Dackel unterschiedlich zeichnen«, sagt W. K. und versteht gar nicht, »wie Lehrer mit Kindern arbeiten können, wenn sie nicht auch ein wenig zeichnen gelernt haben.« An wie vielen, an wie wenigen Pädagogischen Hochschulen wird das Tafelzeichnen gelehrt?

Da ist eine dumme Dame.
Die Dame hat drei Dackel.
Der eine ist dick, der zweite
ist dünn, der dritte ist doof.
Die Dame liegt im Dreck.

CAMPING

Mit Fasching, mit Flitterschmuck und Papierkram in der Klasse hat W. K. »nichts im Sinn«. Wir machen etwas anderes, sagt er zu den Kindern und läßt sie beispielsweise eine Modenschau veranstalten. Das kennen sie aus dem Fernsehen und auch aus den Zevener Kaufhäusern, und es ist in der Schule leicht zu machen – nicht mehr wird gebraucht als ein improvisierter Laufsteg und die Phantasie der Kinder. Und damit war gegeben: erstens ein Thema, das in der Luft lag (zum Fasching gehört das Verkleiden, außerdem ist zugleich Winterschlußverkauf), zweitens wieder eine Erlebnissituation. Zuerst verkleideten sich die Mädchen, denen W. K. gesagt hatte, daß sie Röcke mitbringen sollten. Die Jungen schauten zunächst nur zu, liefen dann aber zur Garderobe im Schulkorridor und verkleideten sich auch.

»Wir haben diese Modenschau erlebt, nun muß sie auch verarbeitet werden« – W. K. läßt zwei Kinder nach vorn kommen, Sonja, die einen Rock anhat, und Nina in Hosen. Der Text stand noch nicht an der Tafel, zuerst gab es ein Gespräch, dann läutete es zur Pause, und als die Kinder wieder in die Klasse kamen, hatte W. K. die Sätze aufgeschrieben, wieder mit verschiedenfarbigen Kreiden.

Worauf es ihm immer wieder ankommt, wenn er aus einem Spiel wie dieser improvisierten Modenschau einen solchen Schreibtext entwickelt: daß sich das Lesen und Schreiben tatsächlich aus einem Erlebnis entwickelt, daß die Kinder es mit einem Text zu tun haben, an dessen Entstehung sie selbst beteiligt waren. Dabei geht es im ersten Schuljahr noch nicht darum, aufzuschreiben, was es alles für Röcke oder Hosen gibt, was Erwachsene und was Kinder anziehen – es genügt vollauf, am Augenschein erst einmal beobachten und unterscheiden zu lernen.

Sonja

Nina

Der Fotograf ist da.

Der Fotograf ist da.
Er macht 100 Bild

Der Fotograf ist da.
Er macht 100 Bilder.
Wie gut, daß wir so sch

Der Fotograf ist da.
Er macht 100 Bilder.
Wie gut, daß wir so sch
Mädchen haben!
27. 2. 1979

Der Fotograf ist da.
Er macht 100 Bilder.
Wie gut, daß wir so schöne
Mädchen haben!
27. 2. 1979

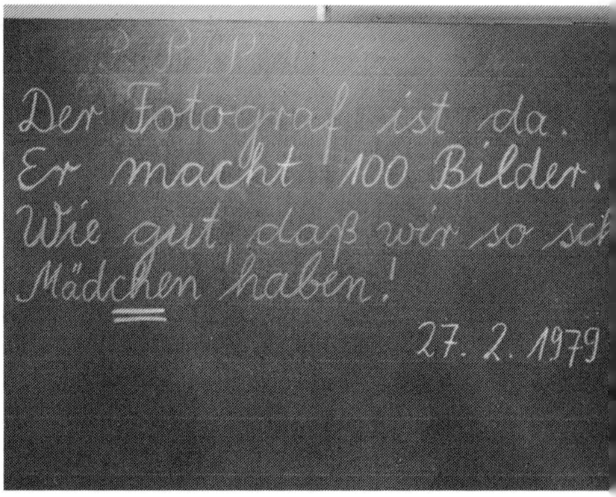
Der Fotograf ist da.
Er macht 100 Bilder.
Wie gut, daß wir so sch
Mädchen haben!
27. 2. 1979

Wie die beiden vorangegangenen, von W. K. selbst in ihrer Entstehung protokollierten Geschichten entstand auch diese aus dem spontanen Erlebnis. Während die Kinder in ihren »Mischheften« davon ein Bild malen – oder auch eine Collage machen –, hat W. K. Zeit, den Text in Normschrift Zeile für Zeile an die Tafel zu schreiben. Dieser Text »muß sprachlich exakt sein, und darüber hinaus muß er sich möglichst der Sprache der Kinder bedienen« (W. K.). Schließlich sollte er auch noch Grundlage des Sachunterrichts sein können.
Um zu solchen absichtsvoll schlichten Texten zu kommen, braucht es eine Technik der Gesprächsführung und der sprachlichen Auswertung, die man erst im Laufe der Jahre beherrscht. Denn wenn das dargestellte Erlebnis nicht alle Kinder interessiert, wird das Aufgeschriebene – nach dem Malen des Bildes schreiben die Kinder auch den Text in ihre »Mischhefte« – vielleicht nie wieder gelesen, oder die Kinder »können jedenfalls beim Wiederlesen keinen Spaß empfinden« (W. K.).

Eine Schule, die Spaß macht, etwas lehren, das die Kinder unmittelbar angeht – darauf legt es dieser Lehrer jeden Tag wieder an.

Stillsitzen ist schwer, und wenn keine Ruhe in der Klasse zu halten ist, läßt W. K. die Kinder einige Minuten auf den Gang, damit sie sich Bewegung machen. Auch darum hat er sich die Räume im Kellergeschoß ausgesucht, andere werden dort nicht gestört.

»Um mal zu sehen, was sie eigentlich treiben . . .«
»Wir lernen nicht immerfort Schreiben, Lesen, Rechnen, ich gebe den Kindern auch immer wieder ›freie Arbeitsstunden‹. Wenn ich dann sehe, daß sie ununterbrochen an Puppenstuben arbeiten, muß ich das doch in meinem Unterricht berücksichtigen« (W. K.).

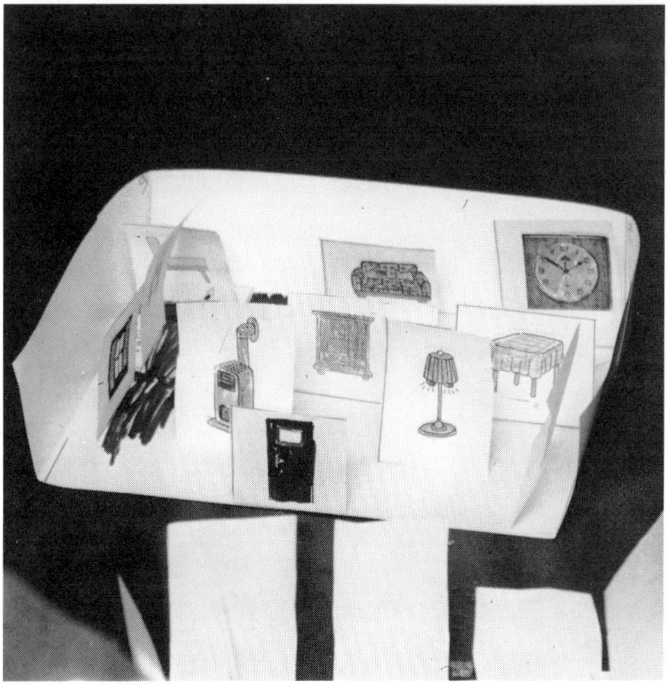

Für Jungen und Mädchen, die schon im Kindergarten waren, sind die einfacheren Bastelarbeiten schon längst bis zum Überdruß ›drangewesen‹. Da mag niemand mehr Papierketten kleben, was früher einmal unter Erstkläßlern höchst beliebt war. Bastelaufgaben sollten möglichst dreierlei bringen: die Kinder sollten miteinander ins Gespräch kommen (»kommunikationsfreundlich«), die Basteleien sollten den Klassenraum ausgestalten helfen, und drittens sollten sie nicht nur die Handgeschicklichkeit entwickeln, sondern auch Anknüpfung für den Sachunterricht bieten.

Als das große Puppenhaus gebaut wurde, waren die Mädchen dabei nicht unter sich: »Daß auf den Fotos keine Jungen zu sehen sind, ist ein Zufall« (W. K.). Sie haben Möbel gebaut, Wohn- und Schlafzimmer eingerichtet, auch an Keller und Dachboden wurde gedacht – und immer waren auch Jungen dabei, die sich ständig mit dem Puppenhaus beschäftigt haben. (Die Puppen hatte W. K. eigens gekauft.) Aber – enttäuschend für den Lehrer: als die Einrichtung fertig war, wurde nicht mehr mit den Puppenhäusern gespielt, da wurde alles im Stich gelassen – wie ja auch im Sandkasten oder bei der elektrischen Eisenbahn das Bauen und Einrichten oft das Schönste ist.

Nicht alle müssen immer das gleiche tun – das ist das Prinzip der »freien Arbeitsstunden«. Wer will mit Kreide an der Tafel malen oder mit dem Filzstift auf Papier? Wer will mit Bausteinen bauen? Basteln? Mit der Schreibmaschine tippen?
W. K. braucht nicht zu fragen, zu organisieren, die Kinder wenden sich schon bald ganz selbständig mal der einen, mal der anderen Beschäftigung zu.
Besonders beliebt bei allen ist das Bildersortieren – und dabei kommt den Kindern W. K.s ausgeprägter Sinn für das Dokument und seine wohl nicht zuletzt auch daraus erwachsene Leidenschaft für das Sammeln alter Dinge zugute. Bei W. K. zuhause: da fällt der Blick auf alte Spielzeugsoldaten und Segelschiffsmodelle, auf Tabaksdosen, Kuriosa und banale Gegenstände des alltäglichen Gebrauchs, die ihm mehr sind als nur schöner Kram, nämlich Zeugnisse gelebter Zeit. Natürlich hat er auch Bilder gesammelt, Fotos zuhauf und Bilder aus alten Alben, aus Zeitschriften und Zeitungen. Daran läßt er die Kinder teilhaben: Postkarten, Drucke aus Zeitschriften hat er auf Karton geklebt, nun stehen sie in großen Kästen im Klassenzimmer. Was für ein Spaß, einen solchen Kasten auszuschütten!

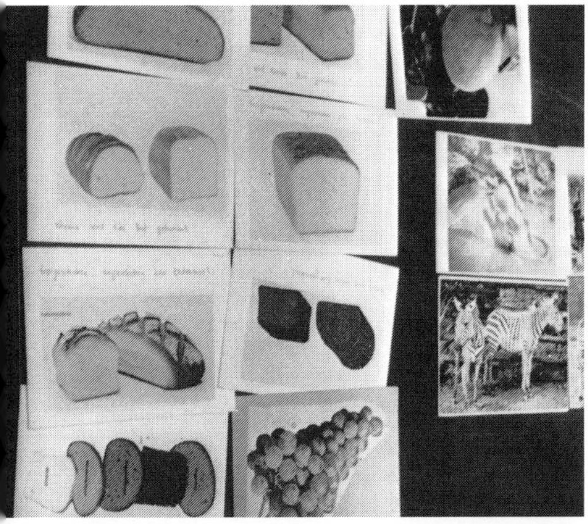

Wenn die Bilderkästen ausgeschüttet sind, werden die Bilder nicht bloß angeguckt, sondern auch nach verschiedenen Motiven und Kriterien geordnet. Und nicht nur das, was man in der Schule gelernt hat, kann man dabei brauchen; umgekehrt lernt man Dinge, die auch außerhalb der Schule zu verwenden sind. Im Lehrplan ist all das, was in diesen Bildern an Wissen steckt, noch gar nicht vorgesehen.
W. K. beobachtet genau, wie sich die Schüler gegenseitig helfen und unterrichten: »Sie lernen außerdem, daß sie zu zweit oder dritt in kleinen Gruppen zusammenarbeiten können, sie lernen also Partnerschaft.
Und daß sie dabei nicht laut zu schreien brauchen.«

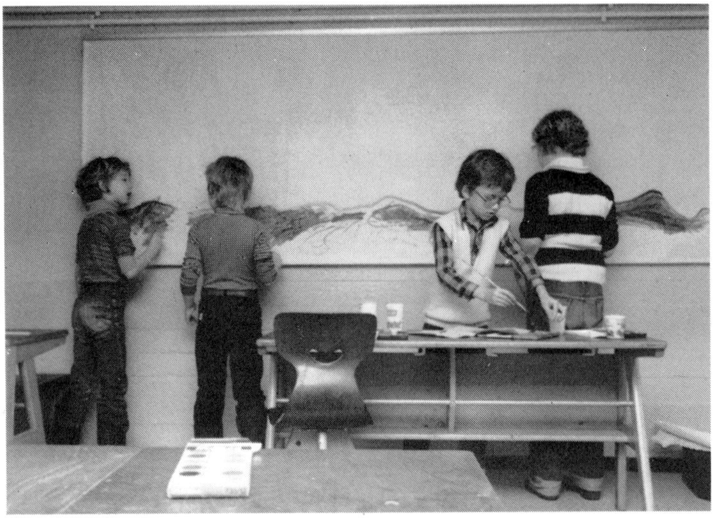

In der Tafelmalecke mit farbigen Kreiden Bilder zu malen – das ist etwas ganz anderes als mit Wasserfarben oder Filzstiften zu arbeiten, und darum tun es die meisten Kinder sehr gern.

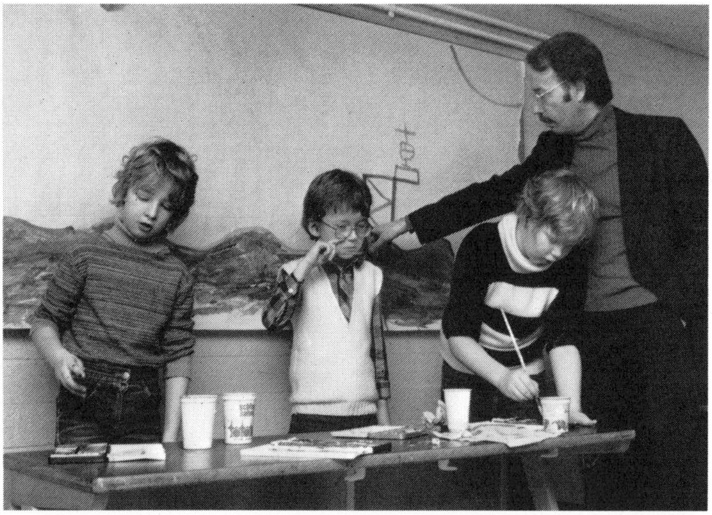

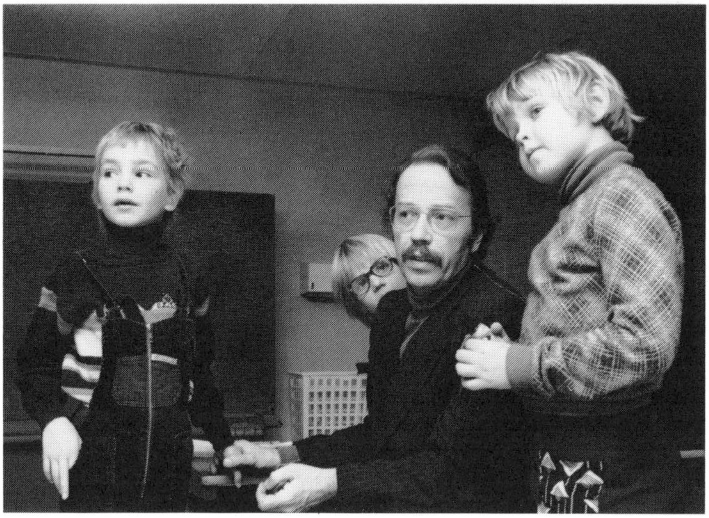

Merkwürdigerweise entsteht bei den Mädchen fast immer eine Landschaft mit Haus und Garten, bei den Jungen aber sieht man Autos und Schiffe – oder, wie in W. K.s Klasse, zum Beispiel Bohrinseln, und zwar komplett mit Antenne und Hubschrauber. Warum ist das so?

Mit einer speziellen Haftpappe lassen sich beliebige Formen ausschneiden und aneinanderfügen: eine Art des Gestaltens, die manche Kinder sogar am liebsten haben. Hier hat ihnen W. K. das Thema »Fenster« gegeben – mit der Hinterabsicht, auf diesem Weg zum Wort »Dach« zu kommen, das für den Buchstaben *d* gebraucht wird. »Köder auslegen«, nennt er das.
Wenn die Kinder mit Malen oder Collagieren beschäftigt sind, spricht W. K. mit ihnen natürlich über ihre Bilder – aber er läßt sich die Bilder

eher erklären, als daß er sich zu dem äußert, was da entsteht: »Man darf als Lehrer nie sagen: Was hast du für einen schönen Hund gemalt! Sonst könnte die – mindestens unausgesprochene – Antwort sein: Das soll doch ein Pferd sein, du Affe! Man sollte die Kinder fragen, ob sie nicht etwas über ihr Bild erzählen wollen.«
Manchmal kommt es auch unter den Kindern zum Streit, wenn mehrere an einem Bild arbeiten: »Da hat der jetzt hier eine Welle gemalt, wo doch da eine Insel sein sollte!« Das ist zwar die Kehrseite der erwünschten ›Kommunikation‹ bei der Malarbeit, aber spürbar wird auch dabei wieder: Wie wichtig den Kindern jede kleine Linie ist, wie jeder Strich zum Ereignis werden kann.

Ordnung muß sein, und dafür hat der Lehrer W. K. seine Glocke. Aber das Gegenteil, die Unordnung, muß auch sein, und W. K. läßt sie gelten, weil er weiß, daß Überdisziplinierung dem Menschen nicht zuträglich ist, und schon gar nicht dem kleinen Menschen. Zum ruhigen Für-sich-Sein bei Bauklötzen und Legosteinen – allein, zu zweit oder zu dritt – gibt es eine »Bauecke«. Aber es gibt auch einen Platz zum Austoben, und W. K. scheut sich nicht vor dem Wort »Prügelecke«: Wenn man sieht, wieviel Aggressionen sogar während des Unterrichts entstehen können, muß man den Kindern die Möglichkeit schaffen, diese Aggressionen abzubauen . . .

»Da können wir von der antiautoritären Erziehung in den sechziger Jahren noch lernen. Natürlich hat man damals übertrieben«, sagt W. K., »und in manchen ›Kinderläden‹ haben sich die Kinder ja offenbar nur noch geprügelt.« Er hält es für ignorant, als Lehrer dieses Experiment nicht aufzugreifen, und zu seiner Überraschung fand er dafür auch bei den Eltern Verständnis: »Die haben mir selbst die Matratzen für den Platz zum Austoben geschenkt.«

Gegen Ende des ersten Schuljahrs wurden die Tobe-Matratzen übrigens gar nicht mehr beachtet.

Es gibt schönere Räume als diesen, in dem W. K. mit seinen Erstkläßlern jeden Vormittag Unterricht hält: sonnigere, mit Fenstern, durch die das Licht nicht nur wie durch Luken fällt, Räume mit höheren Decken und teurerer Ausstattung. Aber W. K. hat sich und ›seinen‹ Kindern diesen Raum im Untergeschoß des weitläufigen Schulzentrums ausgewählt: weil hier auch während der Stunden Bewegung möglich ist, ohne daß sich die Nachbarklasse gestört fühlt (es gibt keine), weil auch noch der breite Gang vor der Tür als Auslauf zur Verfügung steht.
W. K.s Klasse hat auch keine feste Sitzordnung. Wenn das Schuljahr beginnt, stehen nur Bänke und Stühle und kahle Ansterktafeln darin. Die Kinder richten sich ihre Klasse selber ein: »Ich empfange sie nicht«, sagt W. K., »in einem fix und fertig vorbereiteten, womöglich noch geschmückten Raum. Die Kinder sollen die ›Leere‹ wie einen Schock empfinden und nachher dieses herrliche Gefühl erleben, diesen Raum mit ihren Vorstellungen erfüllt zu haben. Jetzt haben wir die Tafelmalecke und die Schreibecke, eine Puppenecke und eine Bastelecke, die Tuschmalecke, eine Collagenecke, den Tisch mit der Schreibmaschine, den Schrank mit den Bilderbüchern, die Tobeecke mit den Matratzen.«
Manchmal kommt mitten in der Stunde ein Kind zu ihm und sagt, es will sich jetzt umsetzen. »Kannst du nicht bis zur Pause warten?« fragt W. K., und das geht dann meistens. Die einfache Regel heißt: Jeder kann sich grundsätzlich setzen, wohin er will, aber man darf niemanden wegjagen.

Für jedes erste Schuljahr sollten in der Klasse fünf oder sechs gebrauchte Schreibmaschinen stehen, meint W. K., »eine ist zu wenig.« Warum überhaupt Schreibmaschinen? Weil die Kinder damit spontan entdecken, wie aus einzelnen Buchstaben ein Wort entsteht: zuerst haben sie nur Freude daran, auf die Tasten zu tippen, und dann schreiben sie plötzlich einen Namen, ihren Namen natürlich. Während von der Tafel ein Text abgeschrieben wird, »mühsam mit der Hand«, läßt W. K. immer ein Kind die Schreibmaschine benutzen, und »merkwürdigerweise ist dieses Kind mit dem Abtippen dann meistens ebenso schnell fertig wie die anderen.« Auch wenn die Zeilen nicht ganz stimmen, auch wenn Fehler im Text sind: das Ergebnis wird ausgeschnitten, ins Heft geklebt, und der Text gilt als geschrieben.

5laseb
9kgb y

gcarmen6tqqqqqq

SDFTtz cvbbb

ßpi,yuhcx2
sven
cm,,,,,,.--

oe

rrtrrrrüürüü ü rür RRR%RR

EEE= "";; V r EWEWWWW
r r rüuur
r

jens kuse lr

à

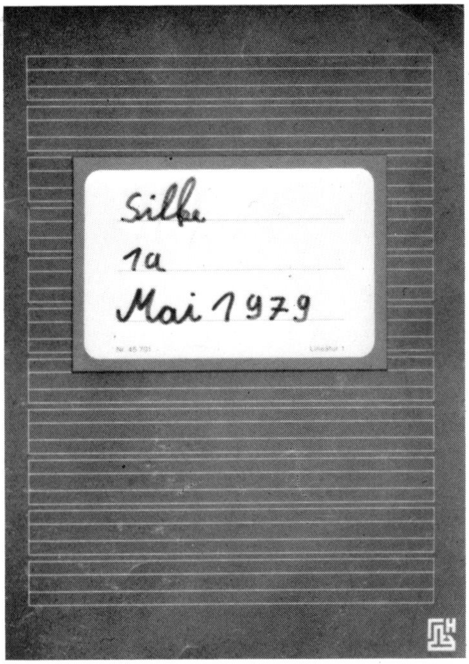

Eine Seite zum Zeichnen und Malen, die andere zum Schreiben: so sieht ein ›Mischheft‹ aus. Die Kinder können darin zuerst zeichnerisch gestalten und festhalten: was ihnen aus dem morgendlichen Erzählen als Vorstellung vorm inneren Auge steht oder was ihnen als sinnlicher Eindruck – wie etwa bei der Modenschau – einfällt. Die Mischhefte füllen sich von Woche zu Woche mit lauter Selbstbeobachtetem, Selbsterfahrenem. Das sind keine »x-beliebigen Hefte, die wir für die Eltern oder für den Schulrat anfertigen, damit die sehen, daß wir auch gut gearbeitet haben. Nein, das sind unsere Tagebücher, die heben wir auf, um später unseren Enkelkindern daraus vorlesen zu können, was wir alles erlebt haben.« Darum sollen die Mischhefte auch ordentlich aussehen: Wer Filzstifte benutzt, die mit ihrer Farbe durchschlagen, klebt ein weißes Papier auf die verdorbene Seite. Ohne das Mischheft können sich die Kinder den Unterricht bei W. K. schon gar nicht mehr denken.

Der Montag ist ein
dummer Tag. Die Woche
beginnt, und das
schöne Wochenende
ist weit weg. Was
ist ein blauer Monta-
g?

Was ist ein Matsch-
brötchen? Dir Lehrer
weiß nicht.
Das ist ein Brötchen
mit einem Negerkuß
darauf. Guten App-
etit! 29. Mai. 1979

Unser Lehrer hört sich
alles Ruhe an. Abr va
n Blut will er nichts
wissen. Dann hält
er sich die Ohren zu.
Er ist wohl sehr enp
findlich. 11. Mai 1979

Heute ist Lachtag.

Der Lehrer macht Witze. Die Kinder lachen laut. Ein Kind fällt um.

Hochzeit Warum
heiraten die Mensch
en? Weil man nicht
gern allein sein mag.
Kinder will man.
auch gern haben: . .

Aus den täglichen Erlebnisgeschichten der Kinder wachsen die Mischhefte, aus den ›Mischheften‹ wählt W. K. die Geschichten für seine ›Lesebücher‹ aus: kleine, von ihm selbst vervielfältigte Hefte. Sie werden einem anderen Schuljahr später einmal als Lesebücher dienen. So wie auch die kleinen Lesehefte, die von den Kindern nebenbei gelesen werden, von Schülern stammen, die längst im siebten oder achten Schuljahr sind.
Wenn die Erstkläßler eine Arbeit fertig haben, bekommen sie ein solches Leseheft in die Hand und lesen dem Lehrer oder einem Mitschüler daraus vor.

Die eigene Stimme zu hören, fasziniert nicht nur Erwachsene – wenn man das Hilfsmittel Tonband nicht zu oft strapaziert. W. K. zieht beim Lesenlehren das Einzellesen, das auch in den ›freien Arbeitsstunden‹ stattfinden kann, dem ermüdenden Klassenlesen vor – aber etwa zweimal im Monat läßt er die Lese-

leistung auch vom Tonband aufzeichnen, und diese Tonbandaufnahme erweist sich als überaus wirkungsvoll: mehr als jede Zensur beeindruckt das hörbare Ergebnis die Kinder.

so billig
so billig
so billig

Benzin
Super
Diesel

Pulli
Rock

Eine Lese-Ecke mit Büchern ist gut, aber es gibt nur wenige Bücher, die von den Erstkläßlern auch schon wirklich gelesen werden. Erst wenn die größere Hälfte des ersten Jahres vorüber ist, sind die meisten so weit, daß sie selbst auf der Straße und in Läden einzelne Wörter lesen – etwa im April oder Mai. Damit ihnen aber richtig aufgeht, daß Lesen auch etwas nützt, macht W. K. um diese Zeit mit ihnen einen Leserundgang – zum Kaufmann und zur Tankstelle, zum Steuerberater und zum Drogisten. Und siehe da: zu ihrer eigenen Überraschung geht den Kindern dabei auf, daß sie schon die unterschiedlichsten Schriften lesen können, die verschiedenen Druckschriften und die Schreibschriften auf den Schildern der Sonderangebote, kleine und große, schmale und fette Schriften . . .

Welcher Lehrer kennt das nicht,
was W. K. den täglichen Kram nennt:
Hausaufgaben nachsehen, für ein
Mindestmaß an Ruhe in der Klasse
sorgen, die Tafel abwischen . . .
Die Kinder wollen selbst, daß alles
seine Richtigkeit hat, auch ohne daß
sie sich darüber vielleicht äußern.

Der Lehrer muß ihnen dabei helfen. Nach einem langen lebhaften Gespräch sagt ein Mädchen zum Beispiel einmal: »Nun wollen wir mal wieder richtige Schule machen.« Schule also, wie sie die Kinder zuhause spielen.

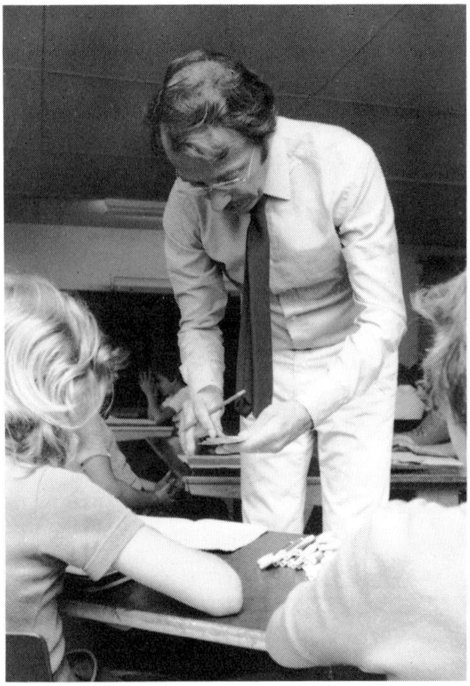

Der Lohn der guten Leistung ist bei W. K. eine Spezialität, eine Rarität: der »Lobes-« und der »Lebens-Gutschein«, der »Freundlichkeitsgutschein« und der »Bonbongutschein«, aber auch der »Saufgutschein« und der »Böse-Gutschein«. Die kleinen Lobezettel mit den merkwürdigen Bezeichnungen sind eigenhändige Werke des ›Schulmeisters‹, und von den Kindern werden sie eifrig gesammelt und sehr geliebt – man kann so schön über sie lachen.
Allerdings gibt es für einen »Hosengutschein« keine Hose und für einen »Kaktusgutschein« keine Stachelpflanze. Zum Gutscheinspiel gehört der Überraschungsspaß der Lotterie mit unvorhersehbaren Regeln: »Wer einen ›Wurstgutschein‹, einen ›Saufgutschein‹ und einen ›Opagutschein‹ hat, bekommt noch einen dazu.« Oder W. K. läßt auch die Kinder selbst bestimmen, was die Gutscheine wert sein sollen – nur dürfen sie dabei nicht für ihre eigenen Gutscheine etwas aussetzen. Und am Ende kommen aus dem Pult des ›Schulmeisters‹ vielleicht kleine Autos, Briefmarken, und wer jetzt die richtigen Gutscheinbilder hat, ist fein heraus.

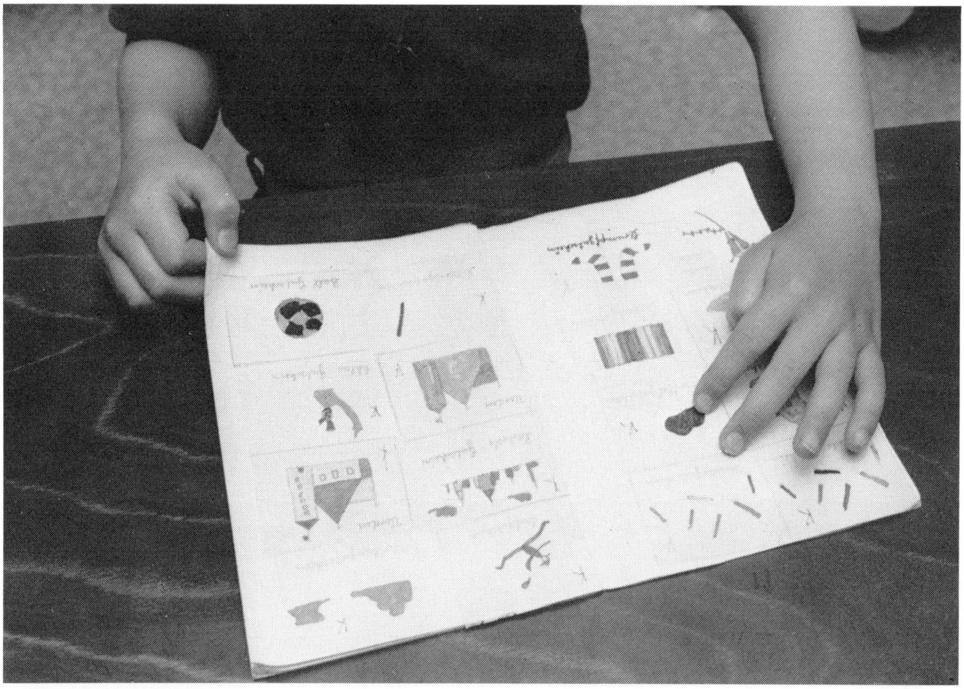

Die Gutscheine:

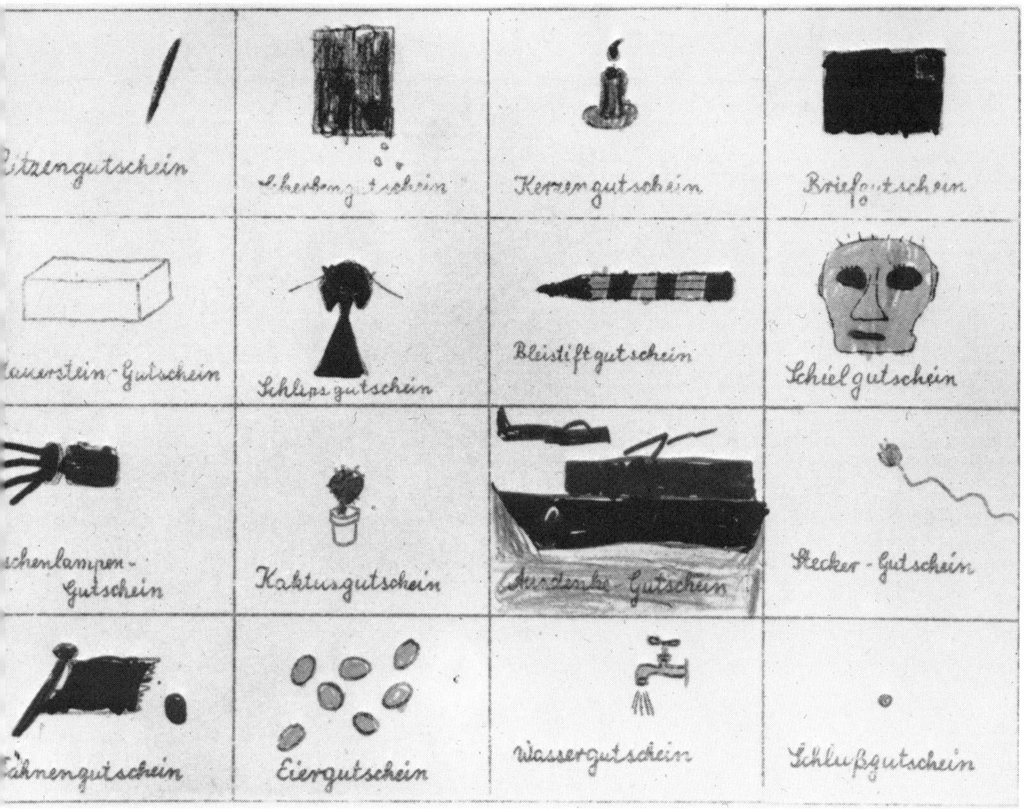

Die Lust am Nonsens wird von W. K. und ›seinen‹ Kindern geteilt: Schule soll ja auch Spaß machen. Wenn W. K. diese Gutscheine verteilt, so relativiert er eigentlich den Leistungs- und Konkurrenzdruck, den es schon unter Sechsjährigen gibt. Niemand darf vermuten, er habe im Besitz eines Kirchengutscheins Anspruch auf eine solche, niemand muß sich von einem Schiel- oder Scherbengutschein gekränkt fühlen. Sich Zeit zu nehmen für solche »Nebendinge« heißt: die kinderfreundliche Schule verwirklichen.

Eigentlich sollte der Lehrer auch die Elternhäuser kennen, aber: »In die Elternhäuser geht man ja heute nicht mehr«, stellt W. K. mit einem Bedauern fest. Dafür sollte man aber doch die Kinder zu sich nach Hause einladen. Wenn man täglich in der Schule zusammenkommt, sollen sie auch wissen, wie der Lehrer mit seiner Familie lebt.«

Zinnfiguren, Schiffsmodelle und altes Spielzeug in W. K.s Fenstervitrinen sind schon fast wie im Museum zu bewundern, und wenn Frau Kempowski die Kinder dazu mit Kuchen und anderen Süßigkeiten bewirtet hat, »bedanken sich die Eltern hinterher 20 000mal« (W. K.).

Alle Kinder müßten alle Märchen kennen . . . Die Märchenerzählstunde ist für W. K. eine Art Ursituation. Er fühlt sich, wie er sagt, an alte Zeiten erinnert, an Menschen, die ums Feuer herumsaßen und Geschichten erzählten, die aus grauer Vorzeit kamen. Deshalb versammelt er die Kinder auch bei sich, läßt sie eng zusammenrücken.
Die Kunst, Märchen zu erzählen, und zwar frei, ohne ins Buch zu schauen, sollte der Lehrer möglichst beherrschen. Wenn er das aber nicht kann? Dann soll er getrost vorlesen, aber aus älteren Ausgaben, nach soliden Texten – denn in vielen modernen Bearbeitungen sind die Märchen »so verfälscht, daß es ein Jammer ist« (W. K.).
Ganz schlimm findet Märchenerzähler W. K. es auch, wenn Kinder das Märchen, das sie eben gehört haben, gleich nacherzählen sollen. Statt solchem »Wiederkäuen« legt er ein paar Tage später lieber eine Märchenwiederholungsstunde ein, fragt, an welche Märchen die Kinder sich noch erinnern. So hat das Nacherzählen auch Sinn.
Eigentlich, so W. K. mit einem Lächeln und doch im Ernst, eigentlich müßten alle Kinder alle Märchen kennen.

rot
blau
Wanne
Susi
Regen
Auto
Sessel
Nikolaus
Roller

Natürlich wird eine Kerze angezündet. Religionsunterricht ist im Grunde ja Sachunterricht, sagt W. K., und wenn die Adventszeit da ist, nutzt er sie für ›epochalen Religionsunterricht‹. Eine Kerze wird angezündet, an der Hafttafel hängt schon ein selbstgemaltes Bild vom Nikolaus, und nun wird zuerst von Adam und Eva erzählt – viele hören die uralte Geschichte jetzt zum ersten Mal.

Weihnachten mit den Erstkläßlern: das sollte kein gefühlvolles ›Brimborium‹ werden, sondern ein Anlaß, über manche Themen zu sprechen und nachzudenken, die sonst zu sehr für sich, zu vereinzelt zu den Kindern kämen: »Alles, was mit einer Ursituation zu tun hat, mit Dunkelheit, Schlaf, Traum kann jetzt besprochen werden« (W. K.). Von sich aus stellen die Kinder Fragen, die zu einem ersten Sexualunterricht führen – ganz natürlich, wo von Adam und Eva oder von der Krippe zu Bethlehem die Rede ist.

W. K., kein Mann konfessionell bestimmter Frömmigkeit, hält viel davon, mit Kindern Weihnachten zu erleben und zu feiern: als eine Zeit des Nachsinnens, in der man einander näherrückt – und wenn das in vielen Familien heute nicht mehr üblich ist, spürt er um so deutlicher, wie positiv die Kinder in der Schule darauf reagieren.

Unter ›großen Leuten‹ sagt er dann mit dem Lächeln der Selbstironie: »Ich selbst habe ja direkt einen Weihnachtsfimmel.«

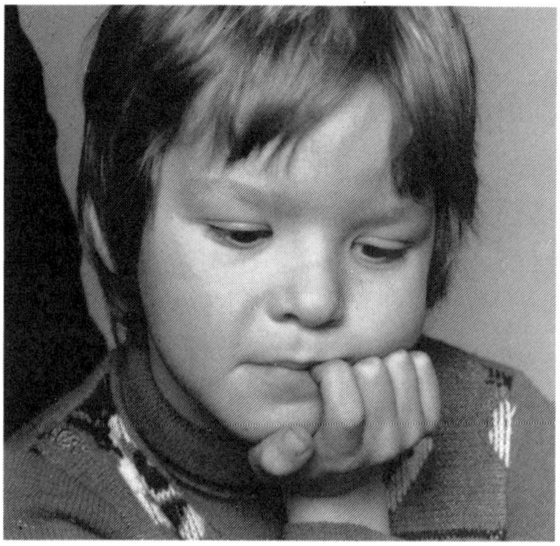

Was hat der ›Schulmeister‹ heute in seiner Tasche? Geht sonst der Tag vom morgendlichen Erzählen der Kinder aus, so hat diesmal der Lehrer die Erwartung ansteigen lassen – was er dann aus der »Geheimnistasche« herauszog, war der dreiarmige Leuchter. Und noch spannender ist das Erlebnis des Lichts, wenn die Klasse verdunkelt wird, die Kerzen des Leuchters diese Dunkelheit aufhellen . . .

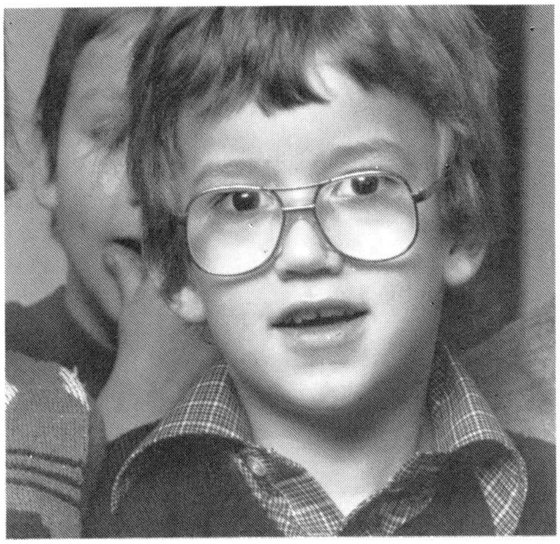

Der Mond, die Sterne, die Sonne: das ist das natürliche Licht – und wenn der Lehrer vorher von Adam und Eva gesprochen hat, ist es leicht, auf die Erschaffung der Welt zu kommen. Aber von Bibel und Mythos kommt das Gespräch auch wieder auf den Augenschein, auf die Beobachtung: Was hat es mit dem Licht auf sich, wie unterscheidet sich das Licht einer Kerze von dem eines dreiarmigen Leuchters? Und was geschieht, wenn man das Licht der Kerzen mit einem Spiegel vervielfältigt? . . .

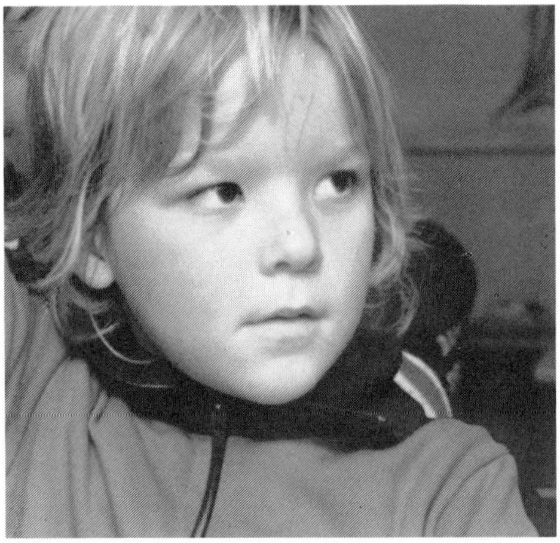

Auch wenn ein voller Wassereimer daneben steht: diesen Teil der Vorführung dürfen die Kinder jedenfalls nicht nachmachen. Ihnen die offene Flamme zu zeigen, schien W. K. allerdings sinnvoll, und an gespannter Aufmerksamkeit fehlte es nicht. Zum Abschluß der Stunde dann noch ein Spiel: zum Wettpusten mußte die Kerze immer wieder angezündet werden. Auch zur Wiederherstellung des seelischen Gleichgewichts, vielleicht . . .

Immer wieder wird das Paradies gemalt: der Baum, der Garten, die Schlange, Adam und Eva. In der Weihnachtszeit hören und besprechen die Kinder die Schöpfungsgeschichte des Alten Testaments und die Christgeburt des Neuen Testaments. Zu wünschen ist ihnen, daß trotz der Zurücksetzung des Musischen in den Lehrplänen auch

in den kommenden Jahren Zeit bleibt für das nachdenkliche Gestalten, für das Verarbeiten von Vorstellungen und Ideen im eigenen Versuch mit dem Bild.

Das Schuljahr geht zu Ende. Und der Lehrer kennt eine riesige, ganz ungefährliche Sandkuhle im Wald. Es ist Sommer, und heiß, und man wird da baden können . . .

Beim Aufbruch schaut W. K. noch, ob jeder alles Nötige hat, unterwegs muß am Feldrain Roggen, Hafer, Weizen und Gerste erklärt werden – und dann ist da ein Spielgelände, verlockend wie eine Ostseedüne, und manche Kinder haben so etwas noch nie erlebt . . .

Manche wußten auch gar nichts mit sich anzufangen, bis einer ein Spiel Karten herauszog. W. K.: »Ich habe sie spielen lassen. Mancher hätte gesagt: ›Wie könnt ihr hier Karten spielen, mitten im grünen Wald, wo die Vögel singen?‹ Nein, man soll die Kinder auch einmal tun lassen, wie sie wollen.«

Mit anderen Worten: der Lehrer sollte nicht versuchen, das Kind auf die Idealvorstellung zu trimmen, die er selbst oder ein Lehrplan entwickelt hat, sondern er sollte das Kind in seinem So-Sein bestätigen. Er sollte dem Kind sagen: »Du bist schon richtig, wie du bist, laß dir ja nichts anderes einreden.«
Im Zeichen von ministeriell verordneten Lehrplänen und Lernzielen wird eines wohl viel zu wenig bedacht, beachtet und praktiziert: daß der Lehrer erst einmal und immer, immer wieder die Kinder beobachten sollte, wie weit sind sie, wo stehen sie, wo sind sie ansprechbar? W. K. spricht, wie ein Obstbaumzüchter, vom notwendigen »Veredlungsprozeß«, auch davon, daß die Kinder selbst lernen wollen, sich anzupassen und sich so zu verhalten, daß sie sich in der Welt zurechtfinden.
»Man kann die Kinder sicher nicht so, wie sie sind, herumlaufen lassen«, sagt er, aber das ist nur eine Einschränkung, kein Widerspruch zu seinem wichtigsten Satz: »Das ist die vornehmste Aufgabe des ›Schulmeisters‹: Kinder so zu lassen, wie sie sind.«

Es ist merkwürdig, meint W. K., daß dieser Augenblick jedes Jahr wiederkommt, auch wenn man schon lange im Beruf ist: der Augenblick nämlich, in dem der Lehrer sich plötzlich sagt: Oh Gott, die lernen bei mir nie lesen. Vier oder fünf können es ja vielleicht, aber alle anderen sitzen da, sehen den Lehrer nur groß an und stottern, und zuhause werden die Eltern unruhig.
W. K.: »Wenn dieser Tag kommt – und er kommt ja in jedem Jahr –, sollte man sich sagen: jetzt bist du bald durch, in der nächsten Woche werden diese Ängste vergessen sein. Und im übrigen sollte man sich daran erinnern: Bisher haben sie's ja auch gelernt, Jahr für Jahr. Warum so drängen, warum so wenig Zeit lassen für andere Dinge, die doch auch wichtig sind?«
Unvermeidlich sind die Zweifel für den, der mit der Eigenfibel seinen eigenen Weg geht, noch bohrender, bedrängender als für andere. Und W. K. weiß natürlich auch: »Dieser Unterricht versucht ja nur, ideal zu sein. Er ist es nicht. Jeden Tag, mittags, schlägt man sich sozusagen an die Brust und seufzt: Ach, wie warst du wieder schlecht. Weil es so oft nicht gelingt, was man sich vorgenommen hatte. Nur: manchmal gelingt es eben doch, und dafür lohnt sich der Einsatz.«

Nachwort

Beim Lesen und Sehen dieses Bandes werden die Bilder lebendig, bilden mit Erinnerung und Deutung Szenen.
Die Texte erklären die Szenen, manche scheinen bekannt, andere erstaunlich, originell, auch fremd. Was man mit Erstkläßlern so machen kann? Das ist nicht die Frage des Buches. Dieser Band ist eine runde Sache, der Bericht zum ersten Schuljahr der Anfänger.
Vordergrund sind die täglichen Ereignisse, die methodische Arbeit, Hintergrund die Situation der Kinder, Ideen und Methoden des Lehrers. Der Bericht ist getragen von einer langen Erfahrung, von einer Entwicklung über Jahre, die zu Sicherheit und System führt, die aber gleichzeitig die Fähigkeit zur Improvisation, zum Eingehen auf diese Kinder jetzt erlaubt. Dazu kann man kein segnendes Nachwort schreiben.

Dieser Band ist ein »Mischheft«, ein Tagebuch für Eltern, ein Beispiel für Lehrerinnen und Lehrer, die nach Anregung und neuer Energie suchen. Dies ist auch ein Bildbericht für Bildungssteuerer, die der Entwicklung, den geduldigen Fortschritten verpflichtet sind. Der Band kann aber nicht denen dienen, die nur nach hinten schauen oder auf den großen Bruch hoffen.

Bei der Beschäftigung mit Szenen und Texten füllen sich Notizblätter mit Zitaten, mit verkürzten Sätzen und Anmerkungen. Daraus folgen Fragen, die Verbindungen schaffen zwischen den Szenen des Bandes. »Freie Arbeitsstunde« ergänzt »etwas lesen, das Spaß macht.« »Man muß die Kinder betreuen«, hat mit: »diesen Raum nach ihren Vorstellungen füllen« zu tun.
Die Zitate und Notizen ordnen sich, Schwerpunkte entstehen, an denen man vielleicht zeigen kann, wo dieses »Mischheft« für den Leser Zusammenhänge bietet und Anstöße gibt.
Es finden sich die Schwerpunkte:

Zusammenhang

Zeigen, woher dieser Unterricht kommt und wohin er gehen kann.

Atmosphäre

An Beispielen ausweisen, warum Kinder in diesem Unterricht gut aufgehoben sind.

Handwerk

Deutlich machen, wo die alltägliche Kleinkunst die Arbeit der Kinder fördert, wo kleine Gewohnheiten das Lernen mit Sicherheit verbinden.

Praktische Theorie

Darauf hinweisen, daß dieses Bilderschuljahr eine praktische Theorie enthält, wenn auch die »Systematiker« nicht gut wegkommen.

Sprache-Lesen

Szenen bezeichnen, die zeigen, wie der Lehrerschriftsteller den Kindern ihre Sprache und die Kunst des Lesens erschließt.

Lehrer

Für diesen manchmal erschreckend öffentlichen Beruf an Szenen des Bandes um Verständnis werben.

Zusammenhang

»Kinder so zu lassen, wie sie sind«,
»Man kann die Kinder sicher nicht so, wie sie sind, herumlaufen lassen«,
»Du bist schon richtig, wie du bist, laß dir ja nichts anderes einreden«.

Drei Zitate im Widerspruch, das Beispiel der Kinder, die erst nach einem halben Jahr »kommen«, sie weisen darauf hin, daß hier Unterricht als eine Sache der Kinder betrieben wird. Sie haben ihre Anliegen und Möglichkeiten, sie müssen betreut werden.
Ein Strang wird hier deutlich, der von den Schulreformern der zwanziger Jahre zu den praktischen, die Kinder beachtenden Vorschlägen geht, die Arthur Kern schon entwickelt hatte, bevor die Einheitlichkeit und Ideologie Schüler und Lehrer erfaßte. Die Gestaltung des Raumes, Umgang mit Dingen zum Beispiel, hier wird ganz selbstverständlich praktiziert, was auf dem Markt als Neuentdeckung gepriesen wird.
»Pädagogik vom Kind aus«, mußten wir Lehrerstudenten einmal als Schlagwort lernen. Die Eigenfibel, der Ausflug in die Kiesgrube, sind Beispiele zu dieser Forderung. Ein Lehrstück, eine Sache zum Nachdenken auch der »Herr Lehrer« und seine »Glocke«, das »Respektinstrument«. Hier erscheinen die Kinder zwischen:
»sie so lassen, wie sie sind«
und
»man kann sie nicht so herumlaufen lassen.«
Diese Spanne zwischen dem festen Ritual und der Matratzenecke macht Unterricht und Erziehung aus.

Atmosphäre

»an diese moderne Schule hinüberretten«,
»wieviel Ängstlichkeit, Besorgnis ist da«,
»blinzelndes Einverständnis«,
»kein Unterricht, in dem es ohne Spaß und Humor zugeht«,
»die Roheit eines Porzellaneinpackers«.

Gemeint ist das Bauwerk, das große System mit der modernen Schule. Die Schule als Lebensstück ist modern, wenn sie den Kindern gibt, was sie brauchen. Die Schulanfän-

ger heute brauchen nicht Öffentlichkeit, sondern intime Szene. Die Schüler heute und immer brauchen den Lehrer persönlich, nicht den Fachverwalter. Wer ist auf die Idee gekommen, den Kindern der Grundschule schon Portionslehrer für Fächer vorzusetzen, statt des Herrn oder der Frau Lehrer, die den ganzen Vormittag und in allen Lagen, für alle Aufgaben für sie da sind?
»Die Roheit des Porzellaneinpackers« zeigt, um was es geht. In der Erfahrung eines grundsätzlichen Wohlwollens nehmen die Kinder Förderung und Beschränkung, verpflichtende Aufgabe und freies Angebot an. Sie haben erfahren, daß die verschiedenen Szenen des Schulalltages *für sie, nicht gegen sie* entworfen sind.
»Das blinzelnde Einverständnis« und das Wissen um
»etwas, das man können muß«, beides gehört zu den täglichen Ereignissen des Unterrichts.
Bei aller Handwerkskunst – Schulanfänger lernen, weil sie den Lehrer mögen: zum Mögen muß er sein.

Handwerk

»man läßt sie erzählen, läßt sie etwas machen«,
»Handwerkliches ist sehr beliebt«,
»am ersten Tag wollen sie lesen lernen«,
»Junge lies mal den grünen Satz«
»Mischheft«, »Gutschein«, »Roggen«, »Hafer«, »Weizen«, »Gerste«.

Woher lernt man das? Die kleinen Kniffe der Arbeit. Den Anfang nicht vorlesen, aber den Satz deutlich bezeichnen?
Die Lage ist fatal. Sie kommen aus den Schulen und gehen durch die Schule und werden weiter verschult und gehen wieder in die Schule. Dann stehen sie vor den Schulanfängern und sind von ihnen so weit entfernt, wie es ein Mensch mit vierundzwanzig Jahren nur sein muß.
Erfahrung als eine Sache der Zeit, wie kann man sie entwickeln, ohne daß die Kinder Schaden nehmen? Sind es die Jahre dazwischen, die den Sinn für Realitäten, für das Faktische, für das geschickte Handwerk entwickeln? Fehlt heute denen, die Lehrer werden wollen, die Fülle der kleinen Erfahrungen mit Kindern, Situationen, Sachen?
Welches Mädchen hütet heute noch die jüngeren Geschwister, welcher Junge kann noch eine Pfeife schnitzen? Wir haben andere Erfahrungen, wir haben andere Lehrer; wie sie das notwendige Handwerk und die Fähigkeit zur Beobachtung erhalten, wissen wir nicht. Der Band gibt Beobachtungen wieder:
»Handwerkliches ist sehr beliebt« und sammelt Ideen:

»nun stehen die großen Kästen im Klassenzimmer«.
Hier kann der Band eine Bilddidaktik sein, mit Ideen zum Ausprobieren und Abwandeln, mit Anstößen für Eltern zum Nachfragen.
Die tägliche Arbeit ergibt sich einmal aus einem festen Repertoire.
Die tägliche Arbeit wird lebendig durch die Fähigkeit, auf die Situation und den Einfall einzugehen.
Das ist ein System wie die chinesische Kochkunst, wenige, erprobte Grundbestandteile, sorgfältig vorbereitet und systematisch geordnet. Dazu eine große Zahl von Gewürzen, und das Ganze mit Sorgfalt zubereitet. Das gibt bei vernünftigem Aufwand eine Unzahl von Gerichten für jeden Geschmack und jeden Bedarf.
Aus der Fülle eines selbst entwickelten Bestandes schöpfen zu können, gibt erst die Sicherheit einer systematischen Improvisation. »Das schön erarbeitete Unterrichtskonzept« kann nur fallen lassen, wer die Kinder kennt und die Absichten des Lehrens über der Gunst des Augenblicks nicht vergißt.
Man könnte dem Band ein Lexikon der methodischen Ideen anhängen und müßte einige Seiten dafür einsetzen. Spannender und »lehrreicher« ist es, der Leser entdeckt selbst die Ideen, die in den Szenen lebendig sind.

Praktische Theorie

»Den Schritt zur Abstraktion bewältigen«,
»muß ich doch in meinem Unterricht berücksichtigen«,
»muß der Lehrer das Gespräch lenken«,
»Unordnung muß auch sein«,
»eine Unterrichtsstunde bauen«.

Die Hausaufgabe für den Lehrer ist kein Sortieren von Handgriffen. Das System, die geordnete, ständig gewertete Erfahrung gibt die Sicherheit zur angemessenen Reaktion auf die Kinder. Dieses System, diese lebendige Reaktion muß sich entwickeln. An Schulanfängern ist die Zeit dieser Erfahrung sichtbar geworden.
Das System, der Bestand an Ideen und Verfahren, gehört zu einer Aufgabe, die im Text nicht ständig erwähnt, aber eigentlich gemeint ist.
In diesem Unterricht geht es um Erziehung.
»Die Kinder lassen . . .«,
»sie nicht so herumlaufen lassen«, das sind die Pole dieser Aufgabe.
Zum Wohl der Kinder eingreifen: die einen dämpfen, die anderen fordern, das ist eine Aufgabe, die jeden Tag Witz und Verstand, Beständigkeit und Humor verlangt.
Da möchte ein Kind mitten in der Stunde seinen Platz wechseln – jetzt geht das nicht, das ist den anderen Kindern nicht zuträglich.

Nachher, da kann gewechselt werden, wenn die »einfache Regel« eingehalten ist. Spannungen aushalten, auf andere Rücksicht nehmen, eine Regel einhalten, eine Regel verändern – das ist nur möglich, wenn man lebendig miteinander umgeht und nicht trocken nebeneinander unterwiesen wird.

Sprache-Lesen

»Wer als Lehrer denkt, er habe im ersten Schuljahr Kinder vor sich, denen er nur sagen muß: Kinder, dies ist ein d – der versündigt sich an den Kindern.«
»Für K war früher Keller gut«,
»daß die Kinder mit dem Text zu tun haben«.
Dieser Text »muß sprachlich exakt sein, und darüber hinaus muß er sich möglichst der Sprache der Kinder bedienen.«

Die Berichte über Lesen und Schreiben, die Erzählgeschichten sind eine aufregende Sache:
Artur Kern, Autor einer methodisch wichtigen und weit verbreiteten Serie von Fibeln, hatte Erfahrung und Abstand genug, um seinen Schülern die Arbeit mit der Eigenfibel zu empfehlen:
»Wenn Sie ihren Kindern ein wirklich persönliches Erlebnis geben wollen, dann schreiben Sie mit ihnen zusammen die Texte aus ihren Erlebnissen. Das sind Geschichten, die sie auch lesen wollen und immer wieder gerne schreiben und hören. Die Übungen ergeben sich dann aus dem Material.«
Diese Einsicht hat Kern vor mehr als vierzig Jahren entwickelt, an Beispielen aus den zwanziger Jahren weitergeführt und bewußt neben seine Lesewerke gestellt. Diese Möglichkeit, mit den Kindern authentisch zu arbeiten, haben er und der Kreis seiner Schüler mit Beispielen belegt und in vielen Klassen erprobt. Aber: In den Klassen der Schulanfänger in unserem Land findet man Fibeln, Leselehrgänge, Arbeitsblätter, Übungsprogramme ohne Ende.
Eigenfibeln, eigene Texte, ein selbst gemachtes Lesebuch, das findet man kaum. Sicher, dazu gehören gute methodische Kenntnisse. Dies erklärt die Abstinenz noch nicht.
»Das Schreiben und Lesen werden sie doch alle lernen?«
»Unvermeidlich sind die Zweifel für den, der mit der ›Eigenfibel‹ seinen eigenen Weg geht, noch bohrender, bedrängender als für andere.«
Liegt hier vielleicht die Lösung für dieses Handeln wider bessere Einsicht? Jeder weiß, daß Kinder im ersten Schuljahr lesen lernen sollen. (In keinem Lehrplan ist dies verlangt!) Jeder wacht darüber, daß auch alles seine Ordnung hat und die Seiten der Fibel mindestens genau so

schnell wie in der Nachbarklasse durchgenommen werden. Es ist ein Jammer!
Und da wird im »Schulmeister« geschildert, wie Kinder erzählen, wie sie Geschichten entwickeln, wie Texte und Bilder für das Mischheft entstehen, wie die Kinder üben, wie sich Laute an Begriffen und Erfahrungen verankern. Muß man ein Schriftsteller mit Sinn für das Faktische sein, um so zu arbeiten? Sind wir »Nurlehrer« so sprachlos?
Die Erzählung, der Rohtext, die Endfassung, das Mischheft, die Lesehefte eigener Produktion, der Leserundgang, reizt das nicht zur eigenen Arbeit!

Der Lehrer

Ein System entwickeln, improvisieren können, mit Kindern umgehen, erziehen, die Angst aushalten, Grenzen setzen, Ideen haben: all das sind Grundzüge des Unterrichts, der hier im Porträt gezeigt wird – als Anregung, nicht als Rezept.

Richard Meier

Walter Kempowski

Kempowski's einfache Fibel

Vierfarbig illustriert von
Manfred B. Limmroth
Bestellnummer 11 00 25

Übungsteil zur Fibel

Illustriert von
Manfred B. Limmroth
Bestellnummer 11 00 26

Walter Kempowski, im zweiten Hauptberuf Landlehrer, zeigt mit seiner Fibel, die in langen Jahren der Unterrichtspraxis entstanden ist, daß es auch ohne Streß und Angst beim Lesenlernen zugehen kann. Eine fröhliche Fibel entstand, die jeden Lehrer ermuntert, das einzelne Kind in den Mittelpunkt des Lehrers zu stellen.
Manfred B. Limmroth hat diese Fibel liebevoll illustriert. So ist mehr als eine Fibel entstanden: ein vergnüglicher Spaß für Eltern, Lehrer und Kinder.

Die Fibel erscheint im Sommer 1980 im Georg Westermann Verlag, Georg-Westermann-Allee 66, 3300 Braunschweig.